Self Branding for business

愛されてしっかり稼ぐ！

セルフブランディング起業術

飯沼暢子

Yoko Iinuma

同文舘出版

はじめに

「好きなことを仕事にする！　と起業したけれど、思うように売上が伸びない」
「お試しメニューのときに来てくれるお客さまは多いけれど、なかなかその後の大きな契約に結びつかない」
「起業後、生活できるくらいには稼げているけれど、もっとビジネスを大きくしたい」
「今まで副業でやっていた仕事を一本化して本業にしようと思うけれど、独立してすぐに稼げるようになるのは難しいのかな……」

この本を手に取ってくださった方は、こんなお悩みをお持ちなのではないでしょうか？

私は現在、個人起業家の方が、自分らしく輝きながらしっかりと「稼げる」ビジネスを展開するためのお手伝いをしています。

私のところにいらっしゃる方は、既に起業しているけれど思うようにビジネスが発展しない、もしくはある程度うまくいっているけれどビジネスのステージを上げたい、もっとやりがいを持ちたいという方が中心です。

本書の内容はそういった方にはもちろん、これから起業を考えている方、会社員との兼業で副業・複業起業したい方にも、きっと参考にしていただけるものになっています。スタートのときから本書のメソッドを実践していれば、伸び悩んだり、不安に押しつぶされそうになったり回り道をせずに、ご自身の思い描いた姿で自分らしく輝けると思っています。

せっかく自分の夢を実現するために独立・起業をするのだから、誰だってそのビジネスを成功させたいですよね。

収入面はもちろん、時間や心に余裕を持って、しかも自分が誰かの幸せの役に立っていると実感しながら毎日を送る起業家人生を手に入れるカギは、**「セルフブランディング」**にあると私は考えています。

本書でいう「セルフブランディング」とは、自分を知り、見せ方を磨いてお客さま

Prologue

はじめに

を惹きつける存在になることです。咲くべき場所で堂々と咲いた花に自然と蝶やミツバチが集まるかのように。

パーソナルトレーナー、イメージコンサルタント、セラピスト……どんなジャンルであれ、教わった技術や資格だけでなく、皆さん自身が伝えたい独自の理論や、こんな人の役に立ちたいという思い、「これを自分の一生の仕事にしよう」と決めたきっかけ、日々突き動かされる情熱の火種があるはずです。

自分は何者なのか、何をお客さまに提供して、どんな世界をつくりあげたいのか。自分の唯一無二の部分に着目し、その世界観を思考や行動、言葉や画像で表現し、大きな1枚の画を描くこと。それこそが、セルフブランディングだと考えています。

「ブログやSNSのノウハウ本を読んで投稿しようと思っても、そもそも方向性に違和感があって、投稿などの行動が止まってしまう……」

「起業塾に通って、市場のニーズはこれだから、このポジションでやればいい、と言われたけれど、せっかく起業したのに指示通りに動くのだと会社員時代と何も変わらない……」

空前の起業ブームの波にのって、私も！　と夢を持って踏み出したものの、なぜかノウハウ通りにやろうとしてもうまくいかない……。

実際にビジネスを始めると日々の忙しさや生活に追われて、自分の本心をほったらかしにして進んでしまい、違和感は心の底に澱のようにたまっていく……。

好きで起業したはずなのにだんだん自分が苦しくなっていってしまう。


この苦しさは、そのビジネスが起業ノウハウ本やコンサルタントなどの第三者、つまり**「他人」を軸にしているために起こります。**

セルフブランディング起業では、「自分は何者なのか」「自分の役割は何なのか」「どんな未来の世界をつくりたいのか」を自分の内側に聞いて、突き詰めていきます。

今は、その**「未来の世界」と、SNSなどを通して発信される自己開示やリアルなストーリーに共感してくれる人がお客さまとして集まる時代**なのです。


そして先ほどの花の例で言えば、蝶やミツバチであるお客さまがあなたの知識や知恵である蜜（エッセンス）を持ち帰り、またそれぞれの場所で新たな花を咲かせます。

森羅万象の世界が、ビジネスでも展開されるのです。

こうして集まってくるお客さまは、大企業が市場分析をして、多くの人（マス）に幅広く受け入れられるようなターゲティングをするよりも、人数としては少ないかもしれません。

けれど、このお客さまたちは、あなたの思いや理想、つまりその「世界観」に共感してくれています。あなたがそのビジネスを始めた心の火種をしっかりと受け止め、受け継いでくれるお客さまですから、結びつきが強く、そう簡単に離れていくことはありません。

また、価値観を同じくしているので、サービスの対価が価値に見合うと判断すれば、高価格なものであっても「あなたからサービスを受けたい」と感じてくれるのです。

実際、この手法を実行した方にはこんな変化がありました。

・30年間、3歩下がって良妻賢母を務めていた主婦が、起業3カ月で全国から問い合わせのくる人気講師に！
・ワーカホリックだった会社員女性が、半年で人生を自分でハンドリングできる教材コンサルタントに転身！

・自分に自信が持てず行き詰まっていたパーソナルトレーナーが、１８０人を集客する講師に！

・恋愛恐怖症だった35歳女性が、長年の夢だったニューヨークへ移住し、美容家として起業、そして結婚！

「本当にそんなふうにうまくいくのかな？」と感じたでしょうか。

想像してみてください。例えば、あなたは最近、仕事が忙しくて体調を崩しがち。気力も落ちています。食事も体に優しくないなあと思いながらも、コンビニのおにぎりや味つけの濃い外食ですませる日々です。

休日くらい自炊しようと商店街に買い物に出かけます。

まず目に留まったのは、安売りの赤札が大きく掲げられた、機械的に大量に栽培された野菜がごろごろと並ぶ八百屋。今の私には、見ているだけでなんだか疲れるかも……。

少し目線をずらすと、土壁に引き戸のおしゃれな店構え、土や環境にこだわり抜い

Prologue

はじめに

て育てられた野菜を店主自らが全国から目利きしてきれいに並べた、野菜のセレクトショップ。店主の女性が脱サラをして、築地の野菜の目利き名人の八百屋に弟子入りし、毎朝3時に自転車で出勤していたというストーリーを本人から聞きました。でも、価格は安売り八百屋の1・5倍くらい。

あなたなら、どちらの野菜を手に取るでしょうか？

このときのあなたは「体と心をいたわり、気力を回復するきっかけ」を探していました。さらに言うと、「自分を大切にするライフスタイル」を買うことに重きを置いているので、少々値が張っても後者の野菜を手に取るのではないでしょうか？

店主の女性に共感した結果、人によっては一緒に働きたいとか、講座などがあれば足を運びたいとまで思うことも考えられます。

つまり、**人は商品そのものではなく、その背景にあるこだわりと目的に価値を感じて購入を決める**ということです。

そして、それは高価格になりえます。「世界観で売る」「セルフブランディングでしっかり稼ぐ」とは、こういうことなのです。

本書では、この自分だけの世界観の描き方、そしてそれを発信する方法、それを求めるお客さまを見つける方法をお伝えしていきます。あなたが収入的にも精神的にも余裕があり、人生を心から楽しめる起業家になるお手伝いができたら幸いです。

飯沼暢子

目次

愛されてしっかり稼ぐ！
セルフブランディング起業術

Contents

Chapter
1
愛されてしっかり稼ぐ！
セルフブランディング術

Chapter

2

夢を叶える自分をつくる「実現力」

Chapter

3

お客さまの人生を変えるコンセプトを生み出す「表現力」

Contents

Chapter 4

理想のお客さまがなだれ込む「コミュニティ力」

Chapter

5

世界でただ1つ！私らしさを結集した「商品企画力」

Contents

Chapter *6*

自信を持って高額販売できる「販売力」

Chapter

7

“成長し続ける私”になる！起業家マインドの磨き方

イラスト――久保田ミホ
カバー・本文デザイン、DTP――高橋明香（おかっぱ製作所）
編集協力――安部優薫

Chapter 1

愛されて
しっかり稼ぐ！
セルフブランディング術

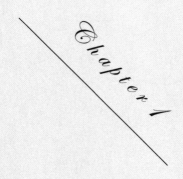

lesson

あなたのファンでいっぱいになる！SNS時代の人気起業家の秘密

実は私自身、起業家を夢見て脱会社員したものの、1度目の起業は失敗しています。転機は30歳のある日、女性編集者が立ち上げたIT系ベンチャーを退職し、「日本一忙しい会社」と言われる広告代理店に転職しました。やりがいを持って働いていたのですが、理想の自分と現実の自分のギャップに苦しみ、体を壊してしまいました。気持ち的にも世の中が真っ暗に見えていた日々です。

そんなときに門をたたいたのが、東洋医学と自然療法でケアをする病院でした。ケミカルなものを排除して自然のものからできた漢方薬を飲み、食材だけでなく器も自然の素材でできたものを使った食事をすすめられ、毎日の食事の時間が癒しの時間に変わりました。

「人生がうまくいかない自分を責めるのではなく、自分が選ぶものを変えればいいのですよ」という医師の言葉にも助けられて、そんな生活を続ける中で心と体の調子がよくなっていったのです。

東洋医学や自然療法に興味を持った私は、自分が救われた「食事で健康になる方法」を世間に広めたい、と考えるようになり、起業に向けて会社を辞め、退職金のほとんどを国内外での勉強に費やしました。

当時、ミス・ユニバース・ジャパンの栄養コンサルタントを務めていたエリカ・アンギャル氏が脚光を浴びていたこともあり、「ホリスティック栄養学の分野での起業ならすぐに軌道に乗るだろう」なんて根拠のない自信を持っての独立。

だけど、いざ起業をしてみると、ブログを半年間毎日書いても、セミナーを開いても、全然仕事にできるレベルにならず、月商は5万円。あっさり夢破れてやむなくもう一度会社員に戻りました。

今考えると、この起業はいろいろなことが間違っていたな、とわかります。

当時、起業コンサルタントに相談していましたが、そこで提案されたのが「食事を通じての美容家」として自分を打ち出すことでした。

でも、私はもともと食事療法で心と体が「健康」になった経験を広めたかった。そして、私のように体調を悪くしてしまわないように、食事によって健康でいられる方法、自分を大切にする生き方で人生が変わることを人々に伝えたかった。「健康や人生の変え方」に興味があるのに、他人軸で考えた「美容」で売り出したところで、うまくいくはずがなかったのです。

そしてさらに言うと、私には「食事療法」という1つのことを深く突き詰める職人肌の起業は向いていませんでした。

「健康的な食事法を伝えたい！」という思いは本物だったのですが、会社員として15年ほどマーケティングの仕事に携わってきた私には、職人肌の方たちの知恵や才能を世間に伝える、プロデューサーとして「食事療法」に関わる方が性に合っていることがわかりました。

それから、「自分ならではの特徴」も見つけられていませんでした。そこで、新しいインスピレーションを得ようと、コーチングスクールにも通いました。そのプログラムの中に「リレーコーチング」というものがありました。

これは自分がクライアント役となり、他の受講生はコーチ役。クライアントの「本当にやりたいこと」を引き出すために次々と質問をしていく、というワークです。

コーチ役の人たちは、「あなたが本当にやりたいことをやっている場面をイメージしてください」「それはどんな場面で、あなたはどんな役割をしていますか？」と抽象的で、でも前向きなイメージが広がるような質問を投げかけてきます。

その質問に答えていくうちに、今までは頭で考えても思いつかなかった「自分の軸」のようなものがしっかりと形になっていくのを感じました。何より、話していて心が熱くなるのを感じたのです。

そして、ワークが終わった途端、コーチ役の人たちが私に駆け寄り、私の語ったストーリーに対して「とても合っている！」「応援したくなった！」と声をかけてくれたのです。

このワークを通じて私は、自分のやりたいことを「食事療法で起業したいのです。〇〇という資格を持っています」と説明するよりも、「自分は何者なのか」「どんな役割を担ってどんな世界をつくりたいのか」を鮮明にイメージし、世界観や物語で表現することが、一瞬で人の心を動かすという、底知れぬ力を初めて実感しました。

この体験が2度目の起業の際に生きてきました。

食事療法の専門家でなく、起業家プロデューサーとしてリベンジをしよう、そこまでは決まったけれど、打ち出し方がなかなか決まらない……そう悩んでいたときに、リレーコーチングで得た体験からイメージがつながり、**「感動ストーリーで顧客の心に火を灯すトーチングメソッド」**というコンセプトが生まれたのです。

自分の情熱の源となっているストーリーを語ることで自分の心に火が灯り、そのストーリーに共感したお客さまがファンになる。そして、お客さまの心にもトーチ（松明）で灯したかのようにその火が受け継がれる、というコンセプトです。その手法を起業家プロデューサーとして生徒さんに伝えていこう、そう思いました。

この企画書を起業家仲間に見せた瞬間、皆「すごいね！」「いいね！」と言ってくれました。

サービス内容は、いわゆる「SNSを使ったマーケティング戦略」です。それを自分ならではのコンセプトを打ち出した言葉で表現することで、ただの「マーケティング戦略」ではなく、**「オンリーワンの戦略」**になったと実感した瞬間でした。

私は最初に起業をしてから、起業家プロデューサーとして4年目を迎える現在まで、約6年かかりました。

食事療法家として起業を目指して失敗した痛い経験から、セルフブランディングの重要性を知り、今は起業家プロデューサーとしてとても充実した日々を送っているので、この時間は私には必然だったのだと思います。

ですが、この遠回りを皆さんがする必要はありません。本書のメソッドを実践して、**お客さまから愛され、「あなただからお願いしたい」と言われるセルフブランディング術**を一緒に身につけていきましょう。

lesson

あなたみたいになりたい！追いかけられるロールモデルになる

「セルフブランディング」とは、

・自分自身を知り、見せ方を磨いてお客さまを惹きつける存在になること

・自分は何者なのか、どういうものをお客さまに提供して、そのことによってどんな世界をつくりあげたいのかを言葉や画像で表現すること

とお話ししました。

セルフブランディングをしっかりとすることによって、市場のニーズではなく、あなたという「人」にフォーカスした起業ができるようになります。

「あなた」というブランドが発するストーリー・世界観に共感するお客さまを引き寄せる。そして、そのお客さまの夢を叶え、問題を解決する存在となり、人生への投資となるような商品・サービスを提供することで、お客さまとともに共通のビジョンを

実現していくことが、この起業術のゴールとなります。

上図に、セルフブランディング起業を構成する7つの要素を並べました。詳しい内容はこの後の章でお伝えしますが、イメージをつかんでいただけるのではないかと思います。

また、本書でお伝えする起業術では、「発信」することがとても大切です。私のコンサルティングではSNSでの発信をおすすめしています。

ただ記事を投稿するということではなく、言葉や画像の力、それからコンテンツが面白くなるような人間力まで含めて

「発信力」です。

本書では、私の経験からFacebookでの発信を中心に説明していますが、ブログやインスタグラム、Twitterなどご自身の業種に合ったメディア、あなたの世界観に共感してくれそうな人が多く利用しているメディアに置き換えてとらえてください。

SNSでの発信は、お金がかからないので、始めやすく、トライアンドエラーも思い切りできます。

そして、「友達」や「フォロワー」の数が目で見てわかるので、自分の発信がどれだけの人に広まっているのかが実感しやすいのも特徴です。本当に今は個人が起業するために恵まれた時代だと思います！

ここまで読んでも、セルフブランディングや世界観、というものがまだぼんやりしている方も多いかもしれませんね。

起業家とは少し異なりますが、わかりやすい例として、「叶姉妹」がいます。彼女たちはセルフブランディングを貫いた存在ではないでしょうか（叶姉妹と同じ格好をしてほしいということではないですよ）。

ゴージャスできらびやかで上品な世界観。ブログやテレビ出演での言葉づかいや衣装、立ち居振る舞いなど、見ている誰もが「叶姉妹らしい」と感じる「像」をつくりあげています。あそこまで突き抜けているから、「叶姉妹」は唯一無二のブランドとなり、「らしさ」を求めて人々はブログを見にいくし、企業は仕事を依頼します。自分らしく堂々と生きる女性像としてロールモデルにしている人もいるのではないでしょうか。

さらにつけ加えると、叶姉妹はTVという「手の届かない憧れの世界」に出演することで、徹底して自分たちの価値を上げ偶像化しながらも、一方でインスタグラムという「ファンと直接会話できる場」に降り立っている。この憧れと親しみやすさのギャップもSNS時代のファンづくりにマッチしています。

SNS時代に人気の出る人には、「フロントステージ」と「バックステージ」を使いこなす人という特徴があります。華やかな表舞台だけでなく、その裏にある努力や一人の人間としての生々しさの両面をバランスよく発信する人が人気となるのです。

lesson

6カ月で〝稼げる私〟になるロードマップ

この本のコンセプトは「好きなことでしっかり稼ぐ」ですから、**まずは月商100万円を目標に置いてみましょう。**

会社員をやっていた方は特に、「100万円なんて多すぎる！」と感じるかもしれませんが、個人事業主として活動するならこの金額は妥当です。

とてもざっくり言って、3分の1は税金や年金。3分の1は経費で、手元に残るのは3分の1ですので、月商100万円稼いでやっと、手取りが30万円ほどになるイメージです。会社員のお給料と比べても、標準でしょう?

精いっぱいやったうえで、ライフスタイルや実績に応じて適正な金額に目標を下げることはいつでもできますから、まずは高めに目標を置きましょう。

私のコンサルでは、あなたのスキルを生かした「20万円から25万円の3カ月コース」を本命商品としてつくることを、基本的なイメージとしています（身近な例でいうと、ライザップの2カ月で結果にコミットするコースのようなもの）。

これが月に4～5人に売れると、100万円の売上です（商品企画については5章で詳しくお伝えします）。

ここで成功例をご紹介しましょう。

私の元生徒さんでピラティスインストラクターとして活動されている坂村純子さん。彼女のレッスンフィーは当時1回6000円でした。

ここから自分自身の世界観を描き、サービスコンセプトをつくり発信することで、約20万円の3カ月プログラムを本命商品として販売できるようになりました。

ヨガ・ピラティスは女性に人気が高いですし、彼女もグループレッスンやパーソナルトレーニングのインストラクターとして、十分に活躍されていました。

起業したい理由をヒアリングをすると、彼女の専門家としての願いは、

「世の中にはボディメイクに関する情報があふれているけれど、ただ見た目が痩せているだけの女性像を私は美しいとは思わない。大切なのはバランス。そして、誰かや何かにきれいにしてもらうのではなく、筋肉や正しい姿勢を自分で身につけていく体への自立心が、美へのいちばんの近道であることを伝えたい」

ということだとわかりました。

つまり、彼女が広めたいのは「ピラティス」ではなく、この美意識と哲学（女性の生き方）なのです。

美容を扱う仕事の場合、主宰者がどんな姿が美しいと思うのか（美意識）、どんな生き方をしていきたいのか（哲学）を伝えることで、その人独自の世界観が構築され、その美意識と哲学に共感し、それを目指したいと感じるお客さまが引き寄せられます。

そして、最も説得力のあるメソッドの証明、**広告塔は主宰者自身**。純子さんはしっかりと彼女の美意識と哲学を体現している言動一致の美しい方だったので、この人は成功すると確信しました。

本人自身の姿を見せることが最も求心力のある発信になると伝え、ＳＮＳでもご自身の写真を積極的に発信してもらうようにしました。

起業家としてステージアップしていただくためにはまず、コンセプトを純子さんの方向性や雰囲気（オーラ）からブランド分析し、オリジナルのキャッチコピーやネーミングに落とし込みます。

Before「ココロもカラダもピラティスで美しく生きる」
After「『脱いでも綺麗』補正下着はもういらない　――40代からの魅惑ボディデザインプログラム」

その後、このオリジナルネーミングを軸に、ご本人でもナチュラルからエレガントな雰囲気にホームページデザインやプロフィール写真を刷新していきました。この行動力も素晴らしい点です。

また、SNSでの発信も、「美意識と哲学」を表現したものに変えることで、本人も自分がどこに向かっているのか、何がしたいのかが、より明確になり瞬く間にファンが増えていきました。

そうやって集まったお客さまは、一見高額に思える20万円という商品を購入することに抵抗は感じません。価値をわかったうえで彼女のもとを訪れる人の割合が増えていったのです。

セルフブランディングに的を絞ると、ここまでの成果を6カ月で手に入れることができます。

おおまかな流れは、次のようなものです。

1カ月目

徹底的に現在の自分を見つめ直します。自分の棚卸をし、自分がどんな世界をつくりたくて、その世界の中ではどんな役割を持っていて、どんな情熱の源泉を持っているのか言語化します。

自分の世界観をつくりあげることが最重要です。

2カ月目

自分がどんなサービスを提供できるのかリソース発掘を行ない、同業者はどんな発信をしているのか、どんなメニューを販売しているのかといったライバル研究も行ないます。

そして、コンセプトを決めて、サービスネーミング刷新を行ないます。

同時に、理想のお客さま像（ペルソナ）の設定、ペルソナを引き寄せるためのSNS発信を開始し、慣れていきます。

3カ月目

自分の理想とするお客さまが喉から手が出るくらい求めているのはどんな商品かを考えながら、「あなたから買いたい」と思ってもらえる商品を企画し、本命商品の中身をつくりあげます。

SNSやブログで発信して、新しいファンを1000人増やします。

また、集客メディアの動線（SNS→ブログ→体験会告知ページ）を完成させ、理想のお客さまがスムーズにあなたのサービスにたどり着くようにしましょう。

ステップメール、メルマガ、インスタグラムなどのメディアも始めます。情報発信もより洗練させて、ファンを見込み客に変えましょう。

4カ月目〜5カ月目

いよいよ実際に、あなたの世界観を体感してもらう体験会を考案して告知、そして実行します。

本命商品のセールスも行ないます。

6カ月目

本命商品の提供をスタート。

そして、ここまでの実践を踏まえて振り返りを行ない、次のステージにつなげます。

かなりざっくりと説明してしまいましたが、本書ではこの6カ月間で行なう内容をお伝えしていきます。

「たった6カ月で?」と思う人も、「もっと早くできないの?」と思う人もいるかもしれません。

単に短期間で稼ぎたいなら、こんなに緻密なステップは踏む必要はないかもしれません。

ただ、私が伝えたいのは〝一発屋起業家〟になる方法ではなく、自分の人生を自分軸でつくり、自分の言葉を持つ、永く続く自立した本物の起業家になる方法です。

決して、ラクして稼ぐノウハウではありません。

本書では、起業家脳への頭の入れ替えに3カ月、起業家としての行動の習慣化に3カ月はかけてほしいとの思いからこのカリキュラムにしました。

ビジネスを軌道に乗せることを考えたときに、まずは立派なホームページをつくろうとか、メディアに多く取り上げてもらおう、と考える方が多いようです。

けれど、まず自分の軸・世界観がしっかりと固まっていないことには、いくら宣伝をしても、表面だけを見たお客さましか来てくれません。

自分の歩む道を自分で設定し、一歩一歩進んでいくと、すべての過程が自分で生み

6ヵ月で“稼げる私”になるロードマップ

6Months Road map

6ヵ月 *6th Month*	本命商品の提供		7章
4〜5ヵ月 *4-5th Month*	体験会開催と本命商品のセールス	□体験会設計と運営 □セールス	6章 5章
3ヵ月 *3rd Month*	商品プランニングとSNS戦略本格化	□本命商品企画 □主人公力強化 □ブログ □ステップメール □メルマガ □インスタグラム	5章 4章
2ヵ月 *2nd Month*	サービスプロデュースとSNS戦略スタート	□リソース発掘 □ライバル研究 □コンセプト □ペルソナ設定 □SNSスタート	4章 3章
1ヵ月 *1st Month*	現在の自分を見つめ直し理想の未来を描く	□人生の目的 □起業のきっかけ □ミッション □理想の世界 □キャラクター設定 □情熱の源泉	2章
START *0th Month*	セルフブランディング起業について知る		1章

出したものなので充実し、やる気も当然上がって自信がつくため、お金をもらうことに罪悪感もなくなります。

6カ月で自分の世界観を見つけて商品化したら、あとはお客さまとともに自分や商品をブラッシュアップし続けて、起業家としてのステージを登り続けていけばいいのです。

34ページに、6カ月で〝稼げる私〟になるロードマップを載せました。

自分がどの段階にいるのか、次に何をするべきなのか、わからなくなってしまったときには、この図で確認するようにしてください。

lesson

5つの力+2つの視点でセルフブランディングマスターになる

このセルフブランディング起業を行なうにあたっては、5つの力を身につけることが必要になります。

①実現力：夢を描き、実現する力
②表現力：自分ができることを掘り下げ、それを表現する肩書きやコンセプトを生み出す力
③コミュニティ力：自分の商品の価値を魅力的に伝えてペルソナを引き寄せ、お客さまへと変化させるコミュニティの力
④商品企画力：自分らしさを結集し、お客さまへの最高の贈り物である商品を企画する力

5つの力と2つの視点
5 Powers and 2 Viewpoints

⑤販売力：自信を持って高額商品を販売できる力

そして、5つの力を発揮するためには、常に自分を**「主役視点」**と**「プロデューサー視点」**という2つの視点で眺める習慣をつけることをおすすめします。

簡単に言うと、主観と客観のことです。自分で自分のことを知り、掘り下げるには当然、主観が大切です。

ですが、自分のやりたいことや独自性だけに注目すると、独りよがりになってお客さまが「ほしくない商品」をつくってしまったり、新しさが欠けた「はじめから飽きられている商品」をつくってしまうこともあります。

また、「主役＝自分」の視点だけでは気づかない「今チャレンジすべきこと」や、逆に「やらなくていいこと」「次に登るステージ」などは、プロデューサーの客観的な俯瞰目線から生まれます。

あなたの起業家としての物語がより面白くなるシナリオを書き、あなたの起業のゴールというラストシーンへの到達をドラマチックに演出する「プロデューサー視点」と、勇気を出し、その物語を前に進ませる「主役視点」。

本書のメソッドを実践する際には、ぜひこの2つの視点を常に意識するようにしてください。

Chapter 2

夢を叶える自分をつくる
「実現力」

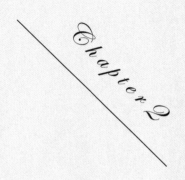

lesson

未来の私がたどり着きたい場所はどこ？

この章では、自分だけの「世界観」をつくりあげるために、自分を深く掘り下げます。まずは、**現在の自分の立ち位置と目的地**をしっかり見定めましょう。花のたとえで言えば、あなたがどんな花の種なのかを見極め、どんな花を咲かせたいのかを鮮明に描いていくのです。

私がこれまでに出会った起業を目指す皆さんに「お悩みは何ですか？」と聞くと、「ホームページのタイトルが決まらない」とか、「イベントを告知しても人が集まらない」など、目の前の解決したい問題のことをお話しされる方が大半でした。

そこで、「なぜ起業したいのですか？」と尋ねると、「好きなことであとひと花咲かせたいから」とか、「自立したいから」「ライフワークスタイルを変えたいから」とおっしゃいます。

確かに、どれも本心でしょう。だけど、その後ろにはたいてい、さらなる願いが隠れています。

起業は多くの方にとって人生の大きな決断であり、転機。「人生の目的」を見直し、その目的に向かって舵を切りたいのが本心ではないでしょうか。

そうであれば、本心を言葉にすることからスタートしましょう。なかなか普段、こんなことは考えないですよね。だからこそ自分に質問をして、**本当にたどり着きたい場所をセッティングするのです。**

「あなたの人生の目的はなんですか？」
「人生の最期のとき、もしくは100歳の誕生日に『あなたは○○をした人だ』と言われるとしたら、何と言われたいですか？」

なぜ好きなことでひと花咲かせたいのか、なぜライフワークスタイルを変えたいのか、その目的がはっきりしていると道のりが見えてきます。

進む方向さえわかれば迷いがなくなり、「何があってもそこにたどり着きたい」という強い思いから、あきらめることがなくなり、モチベーションが高いまま行動が継続できるので、願いが実現しやすくなります。

ちなみに、私の人生の目的は2つあります。

1つは、日本に東洋医学や自然療法を当たり前の選択肢にすること。病気になる前に自分の状態に気づき、健やかな心身で暮らせる人を増やしたい。だから、特にこの分野の専門家の起業を支援したい、というもの。

私自身が体調を崩して東洋医学や自然療法に出会ったことで人生が180度変わったことが、この目的を持つようになったきっかけです。

もう1つの目的は、**個人起業を日本の当たり前にすること**。働き方と生き方の選択肢は無限にあり、自分で形にできるのだということを体現し、伝えていきたいと思っています。

私自身、「自由でいたい」タイプなので、「学校」や「会社」という枠組みにはまり

人生の目的

Life Purpose

続けることがなかなかつらかった（もちろん、一方で楽しいことや学びもたくさんありましたが）。既成概念に縛られず、クリエイティブでセンスある自分らしい働き方、そして人生を自分の力でつくれる起業家をモデルケースとして増やしていきたいのです。

自分の人生の目的ですから、どんなに大きなものでもかまいません。人生のラストシーン、最期の瞬間、「自分はこれをやりきった！」とひときわ明るく輝き美しく人生の灯火が消える。そんな満ちたりた感情を思い浮かべながら記入欄に書いてみてください。

lesson

起業する理由がある人はブレない人

「人生の目的」がはっきりと見えたところで、改めて自分に「なぜ起業しようと思ったのか?」を問いかけてみましょう。

起業の理由を再確認すると、起業に対する自信と思いが強くなるはずです。

自信と思いがある人は強いです。心に芯となる軸があれば、困難にあってもこの軸に立ち返り、ブレることがありません。また、周囲の人にもその輝きと強さがオーラとなって伝わり、影響を与えていきます。

前章でも少し触れましたが、私は30歳のときに、体調を崩して倒れてしまったことがあります。人生のどん底時代です。

あとで振り返れば、これが私の「起業のきっかけ」でした。倒れたことで自分という人間とじっくり向き合う時間ができたから、「起業の理由」と「人生の目的」に気づけたのだと思います。

どんな出来事も必然なのですね。

めまいや微熱、無気力など表面化してきた不調を改善するため、私は漢方やアロマ、食事など自然療法で自分を取り戻していき、その過程でこうなった本質的な原因は「自分への信頼の低さ」にあると気がつきました。

子どもの頃の転校などの経験から、人とつながるためには人並み以上に頑張らなくてはならない、そうできない自分なんて価値がないと思い込んでいたのです。

治療をするうちに、人間も自然の一部であり、もともとそのままで価値があるということに気づき、幼い頃から漠然と抱えていた孤独感を感じなくなり、生きているのが本当に楽になりました。

この心地よさを多くの方に知っていただきたいという、シンプルだけれど強い気持ちが私の起業家としての心の軸になっています。

少々長くなってしまいましたが、私が「なぜ起業しようと思ったのか」は、こうい

起業のきっかけ

My Story

う理由です。

今個人で起業されている（しようと考えている）皆さんにも、きっとこのような「きっかけのバックグラウンド」が多かれ少なかれあると思います。

もちろん、立派なものでなくても大丈夫。

ぜひ、それを言葉にして残しておきましょう。

lesson

「想定以上の理想の世界」を描く魔法の質問

ここまでで、あなたが起業をしたい本当の理由が明確になりました。ここからは、その思いに基づいて、自分がどのような世界をつくっていきたいのかを、明確なビジョンにしていきます。

「私はこんな世界（ビジョン）を実現するために、今、この仕事をしています」というストーリーを発信していくと、あなたのブランドの形が徐々に伝わっていきます。お客さまはそのストーリーに共感したり、自分もその世界の一員になりたいと感じたりして、自然と集まってきます。

まずは自分の理想とする世界の「雰囲気」をイメージします。

すべての大人、子どもたちがいつも笑顔で、自分の才能を思い思いの形で表現している世界。

古きよき和の伝統文化と新しいファッションが混じり合い、「日本は世界一おしゃれな人たちが住む国だ」と世界中から噂されるような世界。

都会にも緑があふれ、人口の半分は自給自足で生活し、誰もが夕方には仕事を終え、庭のテラスで友人たちと食事を楽しむような世界。

考えるだけでわくわくしますよね。

どんなものでもかまいません。自分が好きな映画や雑誌、お店の雰囲気などを思い浮かべ、**「自分だけのストーリー」**の**舞台設定**をします。

参考までに、私の例をお話ししますね。以前、起業の方向性を探りながらコーチングスクールに通っていた際に、「リレーコーチング」というワークをやったことは先ほどお話ししました。

「あなたが、本当にやりたいことをやっている場面を想像してください」

「映画に例えると、どんな場面で、あなたはどんな役ですか?」

繰り返しこういった質問をしながら、一人ひとりのクライアント役の人生の物語を聞いていきます。

クライアント役の私が思い浮かべたのは江戸時代で、私はかすりの赤い着物を着た団子屋の娘でした。旅に疲れた人たちが立ち寄り、温かいお茶とお団子を食べてゆっくりとした気持ちになる。そんな場所です。

私は旅人たちと楽しく会話をし、人々はしばしの休息をしたことで元気を取り戻して、旅の続きに出かけていきます。お団子と休息で元気になった旅人を見送る私は、とても幸せな気持ちでした。

どんな世界をつくりたいのかを思い浮かべた結果、私はこの団子屋の娘のような存在になりたいのだ、と気づきました。

食事を通して人を元気にする仕事、という漠然とした思いを映像としてイメージすることで、その仕事を通じてつくりたい世界が具体的なビジョンとして描けるようになったのです。

ビジョンが決まると、

「食事療法のサービスを提供するなら、自然の光や風を感じながら、ほっと一息つけるようなカフェのような場所で、おいしいヘルシースイーツを食べながらカウンセリングをしよう」

「えらい先生のような振る舞い方ではなく、親しみやすい口調や装いをしよう」

など、世界観をつくるパーツもイメージから揃えていくことができます。

ストーリーの舞台として理想の世界をイメージする意味合いが、少しは伝わったでしょうか？

もうひとつ、私のクライアントの例を紹介しましょう。

「誰もが心の中に持っている思いやり（＝母性）を表現できたら、日本はやさしさで強い国になっていけるでしょう」

これは私が独立起業して最初のクライアントである、MotherNess Publishing 主宰の羽塚順子さんのビジョンです。

「マザー・テレサも『世界平和のためにできることは？』との問いに『家族を愛しなさい』と答えています。やさしいことは強いのです」

と、羽塚さんはおっしゃいます。

ご自身が家庭の事情で進学に苦労された経験から、コピーやデザイン、編集の力で福祉のイメージを変えられないか、社会的にハンデのある立場の人たちの仕事の支援ができないかと、いくつかの企画を立ち上げて暗中模索しているときに、私の個人コンサルを受けていただき、「やること」「やらないこと」を決めて明確になったのがご自分のビジョンでした。

その強いビジョンに導かれるように、福祉施設や作業所で障がいのある方がつくる授産品の商品開発の支援から「ウェルフェアトレード」というビジネスモデルを確立。市民大学の丸の内朝大学で後進を養成し、２０１６年にはハンデのある人に畑の手入れと販売の仕事を生み出す無農薬野菜１００％のコールドプレスジュース「mother juice」でグッドデザイン賞も受賞されました。

理想の世界

Vision - Ideal World

皆さんも、自分が起業したら、その技術や能力をどういう世界観で提供していきたいのかをイメージしてください。

またその結果、どんなカルチャーをつくりたいのかなど、五感でその世界の実現を感じながら絵や文章を用い、想像を膨らませて、もう叶ったかのようにビジョンを描いてみてください。

lesson

この世界は私が変える！ミッション設定

ストーリーの舞台（ビジョン）が決まったら、次はその世界でのあなたの「役割」をイメージします。

先ほどの例で言うと、私の役割は「食事で人を元気にする親しみやすい団子屋の娘のような存在」です。

ゲームでも最初に自分の役割を選びますよね？　勇者、賢者、魔法使いなど。傷ついた仲間を癒す役割、優れた頭脳を生かして作戦を立てる役割……。そんなふうに役割を抽象化して決めてくださいね。

「日本人にとって、運動がつらいものではなくなってほしい。それを推進するのが僕の役割です」。こう答えるのは、心と身体をゆるめる頑張らない筋トレ「体芯力®」

の創始者、パーソナルトレーナーの鈴木亮司さんです。

日本武道館で1万5000人の観客が見守る中、死闘を繰り広げた元格闘家ですが、なんと幼少期の体育の成績は3か2。体がガリガリに痩せていたので、「肋骨」というあだ名だったそうです。

中学3年生のときに、憧れの千代の富士のように「強くなりたい」と願い、腕立て伏せを毎日150回以上続けたところ、胸囲が20㎝増え、周りの見る目も変わり、「どんな人でも変わることはできる」と思えたそうです。

高校では陸上部に入り、2年生で県のトップ3選手に。3年生のときには総体で大会記録を出して優勝しました。

しかし卒業後、プロアスリートを目指してハードなトレーニングをやればやるほど体が壊れ、絶望的な気持ちになっていったとのことです。

その後、怪我をきっかけに、武道や東洋医学を学び、生まれたのが頑張らない筋トレ「体芯力Ⓡ」でした。

「かつての僕と同じように自分の体に絶望している人、指導していても体の疑問に明確に答えられず困っている指導者にこの知識を広め、日本を元気にし、希望を持ってもらうことが僕の使命だと思っています」

今でこそ「Tanren塾」というプロトレーナー養成塾を開き、塾長という役割で使命に邁進している鈴木さんですが、パーソナルトレーニングだけを行なっていたときは、日々もどかしさを感じていたそうです。

新しい世界を実現するための役割とは、言い換えれば、その世界でのあなたの「使命」です。

「今の仕事は役に立てているが苦しい。何かが違う」。そう感じるときは、その裏には「もっとこんなふうに生きたい、役に立ちたい、活躍したい」というあなたの新たな使命が隠されているのです。

使命は、足りないものを外に求める欲とは異なり、自分の内側から湧き出てくるものの。ときには「私はこのために生まれてきたのかもしれない」とまで思えるものなので、生きがいそのものとなることもあるでしょう。

ミッション

Mission Statement

経験から言うと、使命とは新たに思いつくというよりは、私や鈴木さんの例のように、これまでたどってきた道にヒントがちりばめられていることが多いようです。

これまで生きてきた中で、特に印象的だった出来事、乗り越えてきたことを思い出しながら、あなたは自分の理想とする世界でどんな役割を担いたいのか、考えてみましょう。

lesson

キャラクター設定で強く輝く星になる

あなたのストーリーの舞台づくりがだいぶできてきました。次は、そのストーリーの主人公であるあなたの「**キャラクター**」を決める作業です。

特にSNSは自分という「人にひもづくメディア」なので、キャラクター（人格）は最も外から注目されやすい部分として、重要です。

まずは、「**自分の見せ方**」を決める作業を進めていきましょう。

今まで掘り下げてきた人生の目的や自身の役割と一貫性のある見せ方をプランニングしていきましょう。

例えば、あなたが「歳を重ねた女性の成熟した美しさを認める世界」をつくりたい美容家なら、あなた自身が「成熟した美しさ」を体現する女性として外面や言葉づかいの個性を際立たせていきましょう。外面や言葉づかいをビジネスに合ったよい方向に変えると周りの評価も一気に上がります。

「ペルソナのロールモデルとしての自分」を明確に伝えられるキャラクターを決めましょう。

でも、どうやってキャラクターを決めればいいのでしょうか？

1つの方法として、自分のストーリーと近いな、と感じるロールモデルを探してみるのもおすすめです。

私の場合はある女性誌でアメリカの女性起業家、ローレン・サント・ドミンゴ氏についての記事を見かけ、ロールモデルにしようと思いました。

彼女は、いわゆる「キャリア女性」として思い浮かべるような、立派なオフィスでバリバリ仕事をこなし、自分にも他人にも厳しい、そんな女性像とは異なります。自分が素敵だと思ったものをオフィスに置き、自分が着たい洋服を着て、ファッションインフルエンサーとしての側面も持ちながら、「モーダ・オペランディ」というトップブランドコレクションを発売直後にプリオーダーできるサイトを立ち上げました。

「自分がやりたいからそれをやる」という彼女の意識と、それを体現したクリエイティブな生き方とスタイルは、私の「自分軸で働く、個人起業家という選択肢が当たり前な世の中にしたい」という人生の目的の2つ目に向かっていくのに、ピッタリだと感じました。

ロールモデルを設定するときは、**「この面ではこの人のこの部分を参考にしよう」と部分的にピックアップする**のがおすすめです。

あくまでも「自分」を大きな幹として、そこにロールモデルから参考にしたい魅力の部分部分を彩りとして加えてパワーアップするようにしましょう。

また、ロールモデルは「今、自分がいるところより少し高いところにいる人」を想定してください。

あなたは目指す自分になるために自分を磨く、お客さまはそんなあなたを目指して自分を磨く……そういう上へ上へというループをつくると、自分もお客さまもステージアップしていくことができるからです。

キャラクター

My Character

キャラクターづくりの作業には、「プロデューサー力」を活用します。

ペルソナにとって「こんな人を待っていた」と思えるような魅力的な人物像か、自分と価値観の共通点があるかなど、**「新人タレント」をデビューに向けてプロデュースするような視点です。**

ファッションや髪型メイク、言葉づかい、持ち物、オフィスや打ち合わせをするカフェなど時間を過ごす場所……と、ライフスタイル丸ごとプランニングしていきましょう。

lesson

〝いつも情熱を絶やさない私〟でいるハートへの着火法

この章では、自分を見つめ直し、あなたが起業して本当にやりたいことを再確認しました。

自分のやりたいことは、たとえるなら「種」です。そして目指す世界はその種が芽を出し、成長して花を咲かせた状態。

起業のために、どれだけしっかりした土壌に種を蒔いたとしても、栄養分＝エネルギーがなければ、あなたの花は育っていくことができません。

その栄養分とは、他でもないあなたの情熱です。情熱を持ち、ゴールを目指して生きていくことは人生を豊かにしてくれますが、ときにはエネルギーが切れかけてしまうこともあるでしょう。

ですが、起業という道なき道を歩むためには、あなたがいつでも「自分の情熱、エ

ネルギーを満たし、種に栄養を与え続けられる状態」でいることが必要。

エネルギーが切れそうなとき、情熱が燃え尽きてしまいそうなときのために、情熱の源泉に自分自身で着火する術を身につけておくのがおすすめです。

勇気を出して自分らしさを思い切り表現したり、自分の信じることにまっすぐに従って決断をしたりしたことで、周囲に影響を与えたエピソードを思い出しましょう。既に起業されている方は、これまでのお客さまとの関わりの中で本心から感謝されたことや、結果を出せた「最も印象的な成功体験のエピソード」を、これから起業する方は会社員としての仕事や、学生時代の部活、趣味の活動でのエピソードを思い出すのもいいと思います。

充実感の中にいるあなたは、瞳が輝いたり、ほほが紅潮したりと生き生きとしたエネルギーを発していたのではないでしょうか。これが「エネルギーで満たされた」状態です。

過去の成功体験＝エネルギーに満ちた体験を思い出すことで、今のあなたもまたエ

情熱の源泉

My Passion

ネルギーを満たすことができます。
エネルギーが切れそうだなと思ったときには、この方法を使って情熱の火種に着火し、自分自身を満たしてあげてください。

Chapter 3

お客さまの人生を変えるコンセプトを生み出す「表現力」

lesson

できること・好きなことは全部ビジネスにできる

ここまでの章では「自分」を見つめ直して、人生の目的地を言葉にしてきました。

本章では、その目的地を目指しながら、あなたがお客さまへの贈り物としてビジネスをつくるための材料を集めていきます。

方法としては2つ。

・あなたのリソース（できることなどの資産）発掘

・ライバル研究

です。

まずは、あなたのリソース発掘から。

あなたが現在できることを書き出してみましょう。

今後あなたが起業したいテーマに関係することを中心に書き出してみてください。

ただ、一見、起業と関係のないことであっても、実はビジネスに役立てられるリソースを持っている、ということもあります。作戦づくりのためには材料は多く持っていたほうがいいので、幅広くあなた自身が「できること」をリストアップしてください。

①プロとしてできること(強み)

・経歴

これは文字通りの経歴で、簡単な履歴書のように書いてください。

・得意な仕事

ご自身で認識している得意な仕事です。これまでの社会人生活の中でうまくできたこと、やりがいを感じたことを書いていきましょう。

既に起業されている方は、これまでのビジネスの中でお客さまに感謝されたことなどを中心に書きます。会社員時代のことを書いてもかまいません。

・成果が出た仕事

「得意な仕事」と似ていますが、「数字で表わせる」ものを中心に書いていきます。

例えば、それまで提供していたエステの「○○」というメニューの名前を、お客さまの層に合わせて「□□」と変えたことで、来店客数が○人から○人に増えた、などです。

・資格や技術

これも、起業する業種に関係のない資格や技術でもかまいません。

・希少性のある仕事の経験

どんなに些細なことでもいいので、No.1になった経験や、なかなか他に経験した人がいないだろうオンリーワンの経験があれば書きます。

②アマチュアとして好きでたまらないこと、人に教えられること（強み）

今度は趣味や習い事などの中から自分の強みを探します。これも直接ビジネスに関係のなさそうなことでもかまいません。

例えばカメラが趣味の方であれば、「ホームページやSNS投稿で、世界観のある写真でお客さまを魅了できる」という強みになりますし、ダンスを子どもの頃からやっている方であれば、人前に立ったときの姿勢のよさや、チームで1つのものをつくりあげる力なども、起業家としての強みになります。

このように、「できること」とは、起業したいテーマそのものの技術や経験だけでなく、これまで何かしら極めた経験はすべて、表現力、人間力としてあなたの起業家としての強みに変わっていきます。

③過去によく褒められたこと、自然とできてしまうこと（才能）

これは、自身の性格的なこと、人間的なことなどプラスの面を、褒められた背景とともに書き出します。

「いつも穏やかだね」「芯が強いよね」など、人から言われる自分の特徴を書き出しましょう。

例えば「中学、高校とテニス部だった。華やかに目立つ選手ではなかったが、主将に抜擢され、『あなたが主将だと、メンバーを思いやる言葉をいつもかけてくれるので、きつい練習も楽しめて、自然と強くなっていく』と顧問の先生に褒められた」といった部活や趣味での経験も、「起業してグループコンサルティングをするなら、テニス部時代のようにメンバーを褒めながらリードする」など、あなたらしいリーダーシップの方針を決めるヒントになります。

もっとシンプルに、「いつも笑顔を褒められる」といったことでも、笑顔はあなたの大切な強みになるので、例えばSNSに投稿する写真もいつも笑顔にする。など、才能を意識して生かしていくと、自然と人気につながります。

④販促ツール

これからビジネスを始めるにあたって、今時点でSNSやリアルの世界で、あなたのファンや、応援してくれそうな人がどのくらいいるのかを把握します。

ブログのフォロワー数やPV（ページビュー）、Facebookやインスタグラム、

Twitterなどの友達・フォロワー数、LINE@の登録者数、そしてリアルでの人脈を書き出してみてください。

本書でいうファンとは、ブログやSNSの友達、フォロワーを指します。応援者とは、「あなたが新しいことを始めるなら、ひと肌脱ごう」と思ってくれそうな人。具体的には、あなたのイベントの告知などをSNSでしてくれたり、お客さまを紹介してくれそうな人のことです。

おそらく応援者は、SNSだけの知り合いではなく、会社員時代の元同僚やセミナーの先生や参加者など、リアルで会ったことのある人たちではないでしょうか。いくらSNS時代だからといっても、リアルで会い、信頼関係を築いた人脈以上に強いつながりはないと思っています。起業家としてデビューするとき、新しいサービスをスタートするときには勇気を出して、この「応援者」の皆さんに応援をお願いしましょう。

はじめは、**50人の応援者**をつくることを目標にしたいところ。逆に言うと、まだ応援者が50人もいないという場合には、まだビジネスを始めるのには早いのかもしれません。

まだ50人もいない人は、あなたが憧れる起業家のセミナーに通ったり、友人知人の集まりに参加したりしながら、セミナーの講師の先生や、出会った仲間が喜ぶことで何か自分にできることはないかな？　と考え、まずはあなたから先生や仲間を応援して、かつ自分がこれから挑戦したいことも相手に話して、気長に関係性づくりに取り組みましょう。

もちろん、応援してもらったら、名前をひかえておき、**忘れず恩返しをしていくためのリスト**をつくっておきましょう。

あなたのファン＝ブログやＳＮＳの友達、フォロワーについては、マーケティングの世界では、**小さなビジネスはファンが１０００人いれば回る**、と言われています。ですから、自分の力で友達やフォロワーを１０００人に増やすことも行ないましょう。

実際は、応援者50人からの拡散のほうが、自分のファンへの告知よりも認知の爆発力はあると思います（例えば、50人がそれぞれ１０００人のファンを持っていて、単純計算でそのファンの20％に拡散するとすれば、1万人にあなたの情報が届くことになります）。

ただ、あなた自身が「自分のファン」を増やす努力をしていなければ、周りの人も応援しようという気持ちにはならないと思いますので、まずは、自分が頑張る。その姿を見て応援者が増えていくという循環を回すように意識してくださいね。

lesson

感謝して、マネして超える！ライバル研究

ところで、あなたにはライバルはいますか？

世の中への強い思いがあり、技術力にも自信がある意識の高い起業家（あるいは起業を目指す方）には、「一匹狼タイプ」が多いように思うので、「いえ、私にはライバルはいません。ライバルは自分自身です」と答えたくなるかもしれません。

ですが、起業家としてステージアップするには、客観視点が必要です。

山奥に住む天才数学者の寓話を聞いたことがあるでしょうか？

天才数学者が山奥にこもり、難題の公式を何年もかけて解き、「これで世界が変わる！」と山から降りたところ、世間ではとっくにコンピュータが発達し、公式の解答は必要なくなっていた、というような話です。

つまり、あなたの才能も強みも技術も、市場＝あなたが活躍できるフィールドに降

り立ち、ライバルとの違いを打ち出し、ライバルと磨き合い、お客さま候補にライバルと比較されてこそ、世間に役立つものとして生きてくるということです。

ぜひ、客観的なプロデューサー視点で周りを見てみましょう。

また、ビジネスは0からつくり出すよりも、既にあるものに独自の発想を組み合わせるのが成功の法則です。

ですので、まずは先に同じ分野を研究し、実践してくれているありがたい先行者である「ライバル」を知るための研究をしていきましょう。

私がおすすめしているのは、

- 自分がこれから行なおうとしているビジネスの同業界で2社（2者）以上
- 異業界で2社（2者）以上

のライバル研究をすることです。

選び方としては、同業界はあなたが活躍したい業界で№1だと思う人と、面白いことをやっているなと思う人を選びます。

異業界は、あなたの業界に近い業界、もしくはあなたの理想のお客さまがお金を費やす業界の人で、同じくNo.1だと思う人と、面白いことをやっているなと思う人を選びます。

例えば私の場合は、同業界は起業コンサルティング業界。異業界は、ブランディング業界、イメージコンサルティング業界、プロダクトデザイン業界、コーチング業界、自己啓発業界を研究しています。

同業界だけを見ていると、視野が狭くなりがちですが、異業界の研究もすることにより、発想も広がり、業界を超えて共通する**自分の大切にしている本質的な価値観、ビジネスの軸となる思い**が見つかるからです。

ここでまた、私の生徒さんの事例をいくつかお話ししますね。

本書に何度か登場している、ピラティスをベースにしたパーソナルトレーナー坂村純子さんは、異業界のライバルとして、ある歯科医師を挙げました。

ピラティスと歯医者さん、一見関係はなさそうですが、この歯科医師はいきなり治療はしてくれないそうです。「カウンセリングを大切にした自分の治療方針に賛同する患者しか診ない」という方針。このプロとしての意識と姿勢が、自分のお客さまに求める姿勢と重なることから、ライバルとしてリストアップしました。

また、美容家の健石ともこさんは、「女性が自分そのものに還ることで、本来の美しさが輝く」というコンセプトのもと、ハーブやアロマの力、そして自分自身を慈しみながらケアする手法を用いた美容術のビジネス展開を考えていました。

彼女が異業界のライバルとして選んだのは、ある美容師です。「見た目だけではなくその人自身＝魂を輝かせる」という、その美容師のミッションに共感し、ライバルとして選びました。

いかがでしょうか？

異業種としてどんな人（会社）をライバル設定するか、またそれによって自分の大切にする価値観やプロ意識が見えてくる、とはどういうことかイメージがつかめたでしょうか。

この価値観やプロ意識を盛り込んで、のちのちあなたのオリジナルビジネスやサービスをつくっていくと飛躍的に価値が高まります。

ライバルもロールモデルと同じで、今のあなたにとって憧れの人。

今は手が届かないけれど、「1年から3年頑張れば、追いつけそう！　自分があの人みたいになれたら最高！」と感じるレベルの人、ワクワクしながら追いかけたくなる人を設定しましょう。

lesson

ライバル研究9つのポイント

それでは、前項でリストアップした各ライバルについて、何をどう研究していくのかを説明します。

方法としては、同業界・異業界のライバルのホームページやブログ、SNSなどに書かれていることを読み込んで、次の9つの項目に合わせてリサーチします。

サービスメニューや価格、理念などが文章で表現されていることも大切ですが、デザインや色合い、使っている写真など、ホームページやSNSに表わされている見た目が与えている印象、世界観も一緒にリサーチするようにしましょう。

①サービス名と提供している人の名前・肩書き

ライバルの名前や肩書き、サービス名を書き出します。また、ホームページやブログのキャッチコピーやタイトルがあれば書いてください。

なぜ、このサービスを研究対象に選んだのかも書いておきましょう。

②サービスメニュー（種類と価格）

これもホームページなどに記載されているものを、そのまま書き出します。のちのち自分のサービス・商品を考える際に相場感をつかむ手がかりになります。

どんな思いからこのサービスは提供されているのか、それは何からわかったかも書いておきましょう。

③どんなお客さまのどんな問題を解決するのか

「どんなお客さまのどんな問題を解決するのか」がわかりやすいことは、人気や活躍と比例すると言ってもいいくらいです。

どんな言葉で、どうわかりやすく、どんな場所に書かれているかまでリサーチしておきましょう。

④このサービスの他にはない価値は何か

そのサービスの価値や、その方の「独自性」はここだと思うことを書き出してください。お客さま目線で、あなたが感じたことを書けば大丈夫です。

⑤お客さまとのコミュニケーションで何を大切にしているのか。それは何からわかったか

高価なサービスであるほど、「何を」以上に、「誰から」「どんなふうに」サービスを受けるのかが、商品そのものだと言えます。

例えば、問い合わせページに「必ず24時間以内にお返事します」と書いてあるとか、「お客さまの声」にお客さまの笑顔や、ライバルとお客さまが話している風景、会場やサロンの雰囲気が掲載されていて実際のセッションの空気感がわかるなどの工夫がされていると、安心できる、大切にしてもらえると感じます。

また、「症状の改善だけでなく、根本的な原因まで取り除き、プログラム卒業後は、もうリピートしていただかなくてよくなることを目指しています」など、ポリシーを書いておくと、お客さまがサロンの目指すゴールを知ることができるので、目線や意識を揃えたうえでお申し込みいただくことができます。

⑥参考になったこと（自分に響いたこと）

その人やサービスのどんな部分に憧れたのか、マネしたいと感じるのか、を書き出します。

⑦このサービスの改善の余地があると思う点

これは、見えている「よくないところ」です。

ブログの更新頻度が極端に少なく、今の様子がわからない、最新のセミナー情報がホームページのトップページに載っていない、メルマガへの登録方法がわからない、メニューの言葉づかいが専門的すぎて何をするのかがわかりにくい……など、自分がそのサービスへの申し込みを検討する立場だとして、不安になる要素も書いていくとよいでしょう。

⑧このサービスが満たしきれていない潜在的なニーズ

これは目には見えない部分です。⑦と同様、あなたが申し込みを検討しているとして、「ここをカバーしてくれていたらいいのに」と感じるような、お客さまが求めているはずの内容を書きます。

この⑦と⑧こそが、このサービスに足りていないところであり、それはあなたにとってビジネスチャンスとなる部分です。

⑨自分に置き換えられること(自分だったらこうしたい)

①~⑧を総合して眺めてみて、自分だったらこの部分をこう改善する、もしくは、この部分はとても共感したからぜひ取り入れたい、という「では自分だったらどうするか」というポイントを書き出します。ライバル研究を活用しきって魅力的なサービスをつくるには、この項目が最も重要です。

いかがでしたか?

もし、「自分じゃとても敵わない……」「追いつけるはずがない……」と自信を失ってしまうようであれば、あなたが活躍する業界はそこではないのかも。起業の業界について、一度見直してみてください。

ライバル研究をすることで、コアな内容は同じでも、ネーミングや文章や画像での表現次第で、その発信を受け取る側の印象が全く変わる、ということをお客さま視点で実感できたと思います。

また、「自分だったらこうする」というポイントも見えてくるので、**「私なら、さらにいいサービスがつくれる！」という自信がますます湧いてくるのではないでしょうか。**

0からサービスをつくるのではなく、ライバルからエッセンスを真似して、そこにあなただけの独自性を足していけば、あなたは成功の特急電車に乗るようなものです。先行して試行錯誤しながら、業界を切り開いてくれていたライバルは、本当にありがたい存在ですよね。

lesson

お客さまの幸せな物語が動き出すペルソナ設定

あなたが実現したい世界観に共感してもらえるお客さまは、どんな人なのでしょうか？　ここからは、**理想のお客さま（ペルソナ）**を設定していきましょう。

例えば漫画の世界でも、登場人物を細かく設定すれば、まるその人物が生きているかのように、あとは勝手に物語が進んでいく、という言葉をよく聞きます。ペルソナは漫画や映画の作者、脚本家になったつもりで設定しましょう。

ペルソナは、1人の人物を年齢、性別、家族構成などの属性から、性格や行動パターンまで、細かく設定します。

私が理想のお客さまを設定するときに考える内容は、次のような項目です。

・年齢、性別、職業、家族構成、趣味、よく見るテレビや雑誌・ウェブサイトなど
（属性）
・性格や考え方、行動パターン

これらをリストアップして、まるで本当にそういう人がいるかのように、その人物を他人に説明できるくらいに細かく設定します。

ペルソナを設定することで、次のようないいことがあります。

①お客さまの「お悩み」や「願望」がリアルに想像できるので、心を動かす言葉、心からほしいと思えるサービスをつくることができる
②お客さま層が限定されるので、ライバルとの奪い合いにならない
③お客さまの「お悩み」や「願望」を誰よりも知り尽くすことができるので、自信を持ってお金をいただける

このペルソナというのは、個人起業家の場合、あなたのサービスやあなた自身の成長とともに変わっていくものですので、まずは仮説で設定すれば大丈夫です。

とはいえ、どうやってたった1人の人を設定すればいいの？　と思うかもしれませんね。

ペルソナの設定は、リアルであればあるほど効果的。いちばん簡単な方法は、**「実在の人をモデルにすること」**です。

もう既に起業している人であれば、お客さまの中で、次にあなたがつくろうとしている新サービスを積極的に受けてくれそうな人。これから起業する人は、資格取得やスキルアップのスクールなどで出会った友人や知人の中から設定してみてください（自己投資意欲のある人から選ぶのがポイントです）。

私の場合、起業プロデューサーとして起業塾を始めた当初は、ある心理学のセミナーでご一緒していた女性をペルソナに選び、次のことをインタビューしました（そして彼女はなんと本当に私の塾の1期生になってくれたのです）。

- **年齢、性別、住まい、家族構成**

こういった属性を聞くのは、性別や年齢、ライフスタイルによってその世代や環境ならではのお悩みが見えてくるからです。

・職業・年収

仕事内容や年収を聞くのは、ワークスタイルや、プロとしての技術、起業家としてのステージを聞くためです。

・趣味・特技

趣味は、単純に「好きなこと」、そして「自分の人生の質をよりよくすること」なので、どんな雰囲気の場所が好きなのか、どんな人や物に囲まれているのが好きなのか、どんなコミュニケーションが好きなのかがわかります。

例えば、演劇が好きな人なら、演劇に例えて話をすると心をとらえやすい、花が好きな人ならナチュラルな雰囲気のカフェで面談をすると心地いいなど、伝え方や会場のセッティングなどの役に立ちます。

特技は、今後ビジネスの独自性、コンセプトを決めるのに役に立ちます。

・よく見るメディア

どのようなスタイルやテイストで情報提供すると、ペルソナが受け取りやすいのかをとらえるために聞きます。

ニュース番組のような信頼性のあるスタイル、「情熱大陸」のような人物のストーリーにフォーカスしたスタイル、旅番組のような景色を重視したスタイルなど、よく見るメディアからブログやSNSでの発信方法を決めることができます。

・性格・考え方・行動

ペルソナへの理解をより深めるために、自分の好きなところや自慢できること、逆に課題に思っている人間的な部分や行動パターンを聞きます。

例えば、「勉強して極めることが大好きで、仕事に関連する資格はほとんど上級まで持っている。自然とおいしいものが好きなので、海辺の散歩やカフェ巡りが至福の時間。自分の知識に自信がある一方で、自己評価がときに低くなり、自分の才能を封じ込めてしまうことがある。小さなこと、ものにも愛情を込めて丁寧に接する」という具合でまとめましょう。

ペルソナ

Ideal Client

名前

年齢　　性別

住まい

家族構成

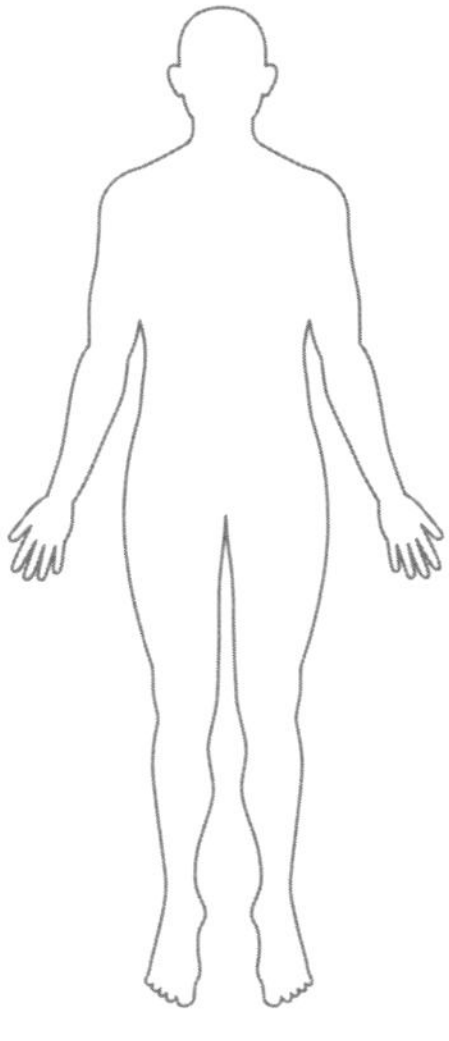

職業

年収

趣味

特技

よく見るメディア

性格・考え方・行動

lesson

お客さまの心に命中！オンリーワンのコンセプト

自分のやりたいこと、できることがわかり、世の中のことも見えたら、いよいよあなただけのコンセプトづくりです。

コンセプトとは、簡単に言うと**「あなたのサービスで誰がどんな状態からどうなれるのか」**を表わしたもので、あなたのビジネスのキャッチコピーとサービス名が自動的にコンセプトとなります。

コンセプトは、お客さまがあなたについて、「この人は自分の問題を解決してくれるのか」「願望を叶えてくれるのか」を判断する最も大切なもの。

具体的な提供メニューや発信方法も、コンセプトに基づいて表現していくことになりますから、まるで樹の幹のような存在です。

私が考えるコンセプトの黄金法則は、

「A（お客さまのbefore）をB（手法）でC（after）にするD（サービス名）」

です。この「AをBでCにする」の部分が、キャッチコピーとなります。

まずは、キャッチコピーから考えてみましょう。誰がどんな状態からどんな状態になれるのか、をbeforeとafterに分けて書いてみるとわかりやすいと思います。

さらに、あなたのビジネスの種類にもよると思いますが、その変化は多くの場合、「1を10にする」ような「さらによくする」「願望を叶える」側面と、**「マイナスを0にする」**ような「問題解決」の側面があるはずです。

例えば、「漢方で健康に生きる」ためのビジネスをしようとするときに、「歳を重ねるほどきれいだねと言われる肌になる」という変化ならば、願望を叶えるキャッチコピーですし、「お肌の気になるたるみを自然の力でひきしめる」のであれば問題解決ですね。

コンセプトは短い言葉で、いかに理想のお客さまの心に刺さる表現ができるかが大切ですから、その言葉選びがカギとなります。

コンセプトの黄金法則、AからCまでのキャッチコピーをいくつか書き出したら、次はDのサービス名を考えます。

サービス名は、あなたの「独自性」＋「手法」、つまりあなたの強み2つを組み合わせたものがいいでしょう。

lesson

オンリーワン・コンセプトの事例いろいろ

コンセプトのつくり方としては、先に実際の例を見たほうがイメージが膨らみやすいと思います。

例として何回か登場していただいた私のクライアントである、坂村純子さんのコンセプトを分解してみましょう。

コンセプトは、

「『脱いでも綺麗』補正下着はもういらない」40代からの魅惑ボディプログラムです。

前項でお伝えした黄金法則で考えると、

・A（お客さまのbefore）をB（手法）でC（after）にする

↓あなたをこのプログラムで、「脱いでも綺麗」で補正下着のいらない体にする
・D（サービス名）
↓40代からの魅惑ボディ（独自性）＋プランニング（手法）
となります。

そして、彼女自身が名乗る肩書きは「魅惑ボディプランナー」です。
コンセプトを再構築したことにより、自分の強みを生かした商品づくりができ、理想のお客さまと深い関係を築けるようになるとともに、これまでの何倍ものやりがいを持って働けるビジネスへとクラスアップさせることに成功しました。

この他にも、私のクライアントさんのコンセプトの実例をいくつかご紹介します。どれも、先ほど紹介した黄金法則に則っていることがおわかりいただけるかと思います。

個人起業家の方に多い業種を選んでご紹介しますので、コンセプトづくりの参考にしてみてください。

【パーソナルトレーナー】
「心と身体を緩める頑張らない筋トレ『体芯力®』トレーナーを育成」（Tanren塾 鈴木亮司さん）
「母なる海のような愛を思い出し、本来の自分を取り戻す」（海と眠りのヨガ 丸尾亜樹さん）

【カラーアナリスト】
「10年経っても色あせない本物の魅力を装うカラースクール」（瞳コンシャスカラーアナリスト 湯浅智子さん）

【イメージコンサルタント】
「世界水準の「品と格」を手に入れ貴方本来の価値をブランディングする」（CLAP TOKYO Image consulting 井上亜紀さん）

「起業女性のためのタレント性を開花させ人生のオーディションに選ばれる」（自己演出力アカデミー　岸本雅美さん）

【美容家・療法家など】

「漢方ライフでいつまでも若々しいオーラ美人になる」（月めぐり®漢方　楠田直美さん）

「あなたに還ればすべてが輝く」（存在美容術　健石ともこさん）

「よどみなく澄みきった真に美しい身体を取り戻す究極のデトックス&ボディメイク」（真美体デザイン　長谷川晶子さん）

【立ち居振る舞い・スピーチなど】

「薫り立つようなしぐさであなたを別格の和美人に変える」（華やか和美人養成講座結城あすかさん）

「仕事で成功するために必要なトークの武器を3カ月で身につける！」（最強のフレームワークトレーニングジム　斉川貴子さん）

【キャリアコンサルタント】
「感性ゆたかなあなたの魂がよろこぶ仕事でキャリアもライフも成功にみちびく」（ソウルワーク・リーディング®　鈴木さくらさん）

最後に、キャッチコピーやサービス名のチェックポイントをお伝えしておきますね。

・そのコンセプトは、ペルソナが強力に求めている（叶えたい、解決したいと感じている）ものでしょうか？
・ライバルがそのニーズに応えきれていないものでしょうか？
・あなた自身がそのコンセプトを謳うことに納得感はありますか？

さらに、プロデューサー視点で次のようなことも考えてみましょう。

・そのサービス名は、「単語自体は聞いたことはあるけれど、初めて聞く組み合わせ」になっていますか？
・サービス名の語感はあなたの雰囲気、打ち出そうとしている世界観やテイストと合っていますか？

例えば、あなた自身が「たおやか」「ふんわり」という雰囲気の方なのに、「力強さ」「クールさ」を表わすサービス名をつけると、その違和感によって、せっかくのコンセプトがお客さまの心に刺さらないということも起こります。自分の雰囲気に合った言葉を選びましょう。

また、独自性を追い求めるあまりに、意味が予想ができない造語を生み出してしまうと、お客さまが見たときに、あなたが何者なのか、が理解できないサービス名ができあがってしまいます。ポイントは、聞いたことがある言葉だけど、新しい組み合わせの言葉をつくることです。

理想のお客さまにとって魅力が最高に高められたと感じるキャッチコピーやサービ

ス名が決まったら、今後はSNSやブログでも、このコンセプトを軸に発信していきましょう。

コンセプトを変えるだけでも、いきなり「○○さんのセミナーやセッションがあるなら行きたいです」とお問い合わせが入ることもよくあります。

コンセプトはビジネスにおいて最も大切な部分ですので、いくつも言葉の組み合わせを考えて、自分にいちばんしっくりくるコンセプトを決定しましょう。

lesson

プロフィール写真は1000の言葉に値する

プロフィール写真をなめてはいけません！

「1枚の絵は、1000の言葉に値する」というアメリカのことわざがあります。

例えば、Facebookで友達申請がきたとき、真っ先に目がいくのはプロフィール写真ではないでしょうか？

写真1枚の力は本当にすごくて、コンセプトの変更同様、プロフィール写真を変えた瞬間に、お問い合わせが入るというのもよくあることです。


私自身もさまざまな起業家さんたちから、Facebookの友達申請をいただきますが、プロフィール写真で顔を出していない人はオープンマインドではない人なのかなとか、仕事着ではなく普段着で写真を撮っている人にはプロ意識がない人なのかなと感じてしまいます。

「魂は顔に出る」とも言われます。人は顔から美醜よりも人柄や魂を見ているのかもしれません。

厳しい言い方でごめんなさい。だけど、あなたのお客さま候補も少なからず、同じ印象を持っていると思います。

プロフィール写真はまさにあなたのビジネスの「顔」。ここは妥協せずに衣装やメイク、背景やポーズをセルフプロデュースして、プロに撮影してもらいましょう。撮影の過程でも自分が磨かれていくので、一石二鳥ですね。

Chapter 4

理想のお客さまがなだれ込む「コミュニティ力」

lesson

初級編①

1000人のファンが集まるバーチャルな広場をつくる

4章では、お客さまを集めるための方法をお伝えしていきます。

「お客さまを集める」というと、「集客」という言葉が頭に浮かんで、気が重くなる人が多いようですが、今日からは楽しい概念に変えていきましょう！

私がおすすめしているのは、**SNSを最大限に活用した発信**です。

今の時代、SNSで世界中の人と無料でつながり、コミュニティをつくることができます。

次ページは、私の考える「SNS上のコミュニティ」をイメージ図にしたものです。

コミュニティというと、オンラインサロンなどの有料会員サイトを想像する方もいらっしゃるかもしれませんが、私は、集客を目的にするならFacebookなどのSNS

1000人が集まるバーチャルな広場(コミュニティ)をSNS上に作ろう

SNS Community

バーチャルな広場づくりに必要なもの

① コンセプト

② コンセプトに共感するペルソナ

③ 世界観のある発信

サービス名、肩書き、プロフィール写真でコンセプトを表現

発信への反響をみながら今すぐ客やお悩み客を発見・育成していく

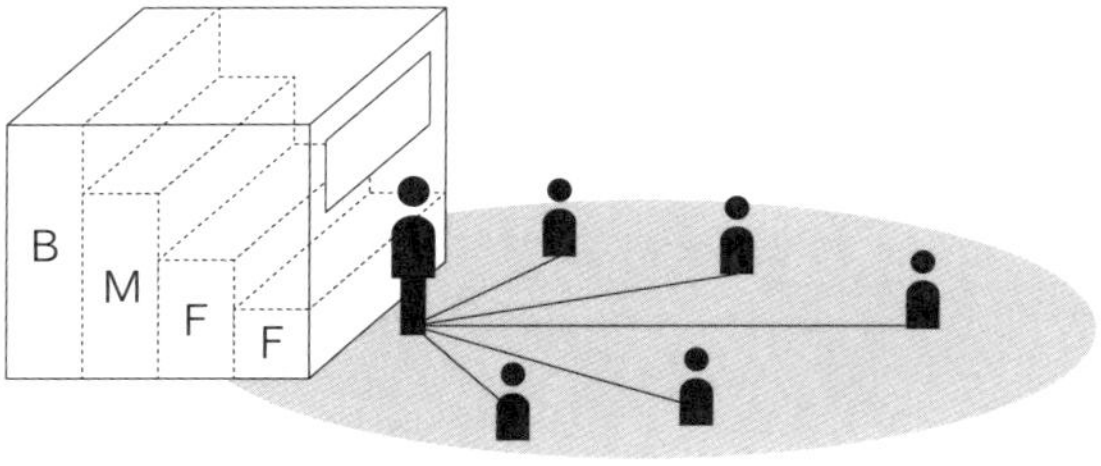

コンセプトを気軽に体験できるフリー商品(ステップメールetc.)フロントエンド商品(体験会etc,)深く体験できるミドル商品バックエンド商品

ペルソナのお悩みや願望に寄り添った投稿、世界観のある発信にペルソナは共感して集まる

上にコミュニティの仕組みをつくるのがよいと考えています。

特別な機能は使いません。〝コミュニティ化〟を意識して、友達やフォロワーと関係をつくっていこうということです（これができると、将来有料コミュニティもうまく運営できます）。

具体的には、SNSなどあなたのメディア＝お店の前にオープンな「バーチャル広場」をつくるようなイメージです。

このバーチャル広場づくりに必要なものは3つです。

①コンセプト
②コンセプトに共感する理想のお客さま（ペルソナ）
③世界観のある発信

①と②はこれまでの章でプランニングしてきました。ここからは③の発信についてです。

自らの発信によって広場にお客さま（候補）を集め、まずはあなたのビジネスのコンセプトと、看板（サービスネーム）に気づいていただく必要があります。

そして、この広場の管理人であるあなたの世界観あるライフスタイルを通して、美意識や哲学（生き方）に共感してもらったり、サービスへのこだわりや実績を伝えて信頼してもらうのです。

理想のお客さま（ペルソナ）は、はじめは仮説で設定して、この人の役に立てるよう発信していきますが、そのうち、いいね！　やコメントを頻繁にしてくれる人がリアルなペルソナになっていきます。

コメントをもらったら、「あなたのお悩み解決にもっと役立つ情報を用意しましたよ」と、よりその人に合った投稿をプレゼントする。まるでそのコミュニティを通じて一緒にその世界をつくりあげているかのようなやりとりをすることで、あなたの商品の価値が高まっていきます。

そのうえでステップメール登録や体験会へと一歩踏み出していただき、さらにその奥にある本命商品を購入していただく。

これが理想とするお客さまづくりの流れです。

私自身、この1000人の広場をFacebook上に手に入れてから、ビジネスが月商30万円から100万円~300万円と、飛躍的に伸びたので、ぜひ参考にしてほしいと思います。

lesson

初級編②

今求められるのは、2歩先を行く身近なヒロイン

私が、SNSを個人起業家のビジネスに活用してほしい理由は3つです。

①コミュニティをつくれる
②世界観をリアルタイム発信できる
③発信のリアルな反響が見える

1章で少しお話ししたように、ひと昔前は雲の上の偶像化されたアイドルや俳優が広告塔となり、物が売れた時代でした。これが前時代のファンビジネスです。TVの中や映画のスクリーンの中でだけ会えるという低頻度接触も、戦略のひとつだったのでしょう。

それに対して、現代では偶像化されたプロの芸能人だけでなく、**自分の2歩先を行く、身近なヒロインが広告塔となり、物が売れる時代です。**

「私でも少し努力して手を伸ばせば届きそうだ」「私にもできるかも」というリアル感があって、日常的に何度も会える高接触頻度。これがあるから、お客さま候補は身近なヒロインの背中を追い続けることができて、おすすめされる商品を買いたくなるのです。SNSのコミュニティの仕組みは、現代のファンビジネスの心理にマッチしているのだと思います。

個人起業家の皆さんはまさに、2歩先を行く身近なヒロインです。SNSはあなたにとってうってつけの舞台。ぜひ活用しましょう！

「SNSは苦手」「自分の写真を載せるなんて恥ずかしい」と思うかもしれませんが、広場の例でもあるように、あなたはその世界観の管理人で、雑誌なら編集長、演劇なら監督のような役割です。

自分の世界ができてしまうと、全国、世界中に自分の広場に通じるドアができるような感じで、思いもしなかった人とつながり、楽しいことがいっぱいあります。

私自身の経験でも、「毎日投稿を読んで励まされています」「言葉の世界観が好きです」とわざわざメッセージをくださる方もいます。

「地元にはあまり起業コンサルタントの先生がいないので」と、日本全国からコンサルを受けてくださる方、ハワイやオーストラリアから面談を受けに来てくださる方、パリからスカイプで起業の相談をしてくださる方など、全国、世界中にお役に立てる人がいるのだなあと実感しています。

あなたを待っている人も、全国、世界中にいるはず。ぜひ時代に合ったメディア、SNSを使いこなして、「私はここにいますよ」と知らせることで、世界への扉を開いてくださいね。

lesson

初級編③

SNSはまずFacebookだけでOK

私は1回目の起業では、ブログを半年間毎日書いて、読者も3カ月で500人になりましたが、月商は5万円。まったくビジネスにはつながりませんでした。

その後、2回目の起業でFacebookを活用してキャンペーンを行なったところ、月商が300万円を超えました。Facebookにはビジネスが飛躍する爆発力があるのです。

その理由は、**仕事をしている自己投資意欲の高い人たちが多く利用している傾向にあるから**。そこにシェアなどの拡散力がプラスされて、爆発力が生まれるのだと考えます。

Facebookの他にもSNSツールはたくさんあります。Twitterやインスタグラム、

ＬＩＮＥ＠も台頭しています。今後はライブストリーミングがメディアの主流になるという話も聞きます。

でも、本書で伝えるノウハウの基本は**Facebookを活用して、ブログを準備してデビューし、ステップメールで顧客をリスト化することにまずは絞って取り組むこと。**

その後、メルマガと並ぶ存在としてＬＩＮＥ＠を活用したり、裾野を広げるためにインスタグラムやTwitter、YouTube、ライブストリーミングなどを活用するのがおすすめです。

それぞれのメディアを「ぜひやるべき」とすすめる人はそれぞれいて、それぞれが正解。

でも、まずは１つのメディアで集客できるようになってから、他のツールに広げていきましょう。

lesson

初級編④

リア充アピールは必要ナシ！ 追いかけたくなるロールモデルになる

それでは、どうやってFacebookで1000人のファンを集めたらいいのでしょうか？　具体的に説明していきますね。

起業家として発信するのであれば、「プロ」の発信でないと、あなたのファンにはなってもらえません。

友人や家族、趣味仲間などとSNSでの交流を楽しんでいる方も多いと思いますが、そういったプライベートの投稿とは意識を変える必要があります。

具体的には、2章で決めたあなたのキャラクターで投稿します。

起業家としての毎日をあなたが主役の映画だと考え、ストーリーの場面場面を切り取って投稿するという意識を持ちましょう。お客さまから「その世界に自分も入りたい」と思ってもらうことが、セルフブランディングの目的です。自分で決めた世界の雰囲気、自分はその世界でどんなキャラクターか、改めて思い出してみてください。

その雰囲気やキャラクターに合った言葉や表現、画像、服装、メイクなどで投稿し、お客さまのロールモデル、ナビゲーターとして物語を組み立てていきましょう。

発信するのは、独自性のある専門家としての「専門家投稿」と「人柄投稿」です。自分の専門家としての価値を高める内容であることが重要です。

投稿の頻度については、1日に「専門家投稿」「人柄投稿」をそれぞれ1つずつ、合わせて2投稿するようにしましょう。

34ページのロードマップでいうと、SNSの投稿は2カ月目のところにあります。自分のキャラクターが決まり、ある程度理想のお客さまのペルソナが見えてきたら、早速スタートしてください。

この段階ではSNSに慣れることが大切ですから、毎日発信することに意識を置きましょう。

lesson

初級編⑤

私にぴったりな売り出し方を知る 6つのプロモーションタイプ

個人起業家としての「発信」はプロとしてのキャラクターで行なう、ということをお話ししてきました。

より印象的な投稿を行なうには、**自分に合ったプロモーション（売り出し方）**をすることが大切です。

タレントのように「自分」を前面に出した発信によって、世界観をより広く伝えられる人、アーティストのように独自の着眼点で世の中を切り取り、世界観を伝える人など、さまざまです。

そこで、個人起業家のプロモーションタイプを6つに分けました。次ページのチェックシートで、あなたはどのタイプなのか？　確認して、「1日2投稿」の参考にしてみてください。

自身のタイプに合った売り出し方であれば、無理なく投稿が続けられると思います。

Ａタレントタイプ

自分自身についてや、ライフスタイルをＳＮＳで発信するとファンが増えます。大勢のファンがいることを見せると専門家としての価値が高まります。

Ｂ人柄タイプ

自分をメインにした投稿よりは、誰かと話している場面の写真や、人間関係を観察して思ったことなどを発信するほうが向いています。顧客との関わりの深さを見せると専門家としての価値が高まります。

Ｃ職人タイプ

技術の高さや商品へのこだわり、勉強や研究していることを発信します。メソッドや技術探求のプロセスを見せると専門家としての価値が高まります。このタイプはオタク的な投稿が◯です。

Ｄアーティストタイプ

自分の美意識や哲学の世界、作品を発信するのが向いています。身の回りのものや

6つのプロモーションタイプ診断

6Promotion Types

Ⓐ タレントタイプ
（自分のことが大好き）

＿＿＿＿ 点

□キャラがたっていると思う
□見た目には自信がある
□人前で話すことが苦にならない
□よく憧れられる
□魅力的だねとよく言われる
□同性異性問わずよく食事や遊びに誘われる
□目立つと言われる
□熱狂的なファンがときどきできる
□「変わってるね」は褒め言葉
□タレントなどをやっていた、もしくはスカウトされた

Ⓑ 人柄タイプ
（コミュニケーション、場の空気を大切にする）

＿＿＿＿ 点

□予定外のことにも柔軟に対応できる
□人とかかわるのが好き
□いいことは人に教えたくなる
□実は人見知り
□相手が何を考えているか察しやすい
□場所を選ぶとき、ムードを大切にする
□前向きな言葉が好き
□サービス業は向いていると思う
□おせっかいが好き
□「ありがとう」とよく言われる

C 職人タイプ
（商品やサービスにとにかくこだわりがある）　　＿＿＿＿ 点

□勉強や研究が大好き
□提供する商品の「質」にこだわっている
□一生技術を磨きつづけたい
□仕事に妥協ができない
□伝統的なもの、古いものが好き
□頑固
□売り込みはいや
□いい商品を提供すればお客さんはついてくると思う
□「職人」と呼ばれるとうれしい
□得意なことと苦手なことがはっきりしている

D アーティストタイプ
（芸術、表現すること、美しいものが好き）　　＿＿＿＿ 点

□話すときの言葉数が少ない
□相手の話を聴くとき、画像でイメージしている
□自分は情熱的だと思う
□自由に考えることが好き
□世の中にないものを創造したい
□いつもアイディアが浮かんでいる
□流行に流されない自分の感性の軸がある
□喜怒哀楽がはっきりしている
□作品や仕事は自分の分身のように思う
□冒険心が旺盛

E 商人タイプ
（目標数字があると燃える）

＿＿＿＿ 点

□成果＝売上だと思う
□お客さまのことをいつも考えている
□競争に勝つとうれしい
□収入が上がるとうれしい
□実用性を重視して買い物をする
□プレゼンテーション、説明が得意
□クロージング、販売が得意
□売り方を工夫するのが好き
□プロセスより結果重視
□サービス精神が旺盛

F ライター・エディタータイプ
（情報を収集して付加価値をつけるのが好き）

＿＿＿＿ 点

□流行りものを知っている
□人や物のいいところを見つけるのが得意
□人の話を聴くのが好き
□本をたくさん読む
□言葉のチカラを信じている
□文章が上手だと言われる
□いつでも少し客観的
□同じことを淡々と続けるのは苦手
□「面白い人だね」と言われるとうれしい
□内勤と外勤半々が好き

仕事道具、過ごす場所など、何を選ぶのかという審美眼、自分の世界を洗練された言葉や画像で表わしていくと、専門家としての価値が高まります。

E 商人タイプ

数字と目的達成の意識が強い方です。数字やデータで実績、成果を語ると専門家としての価値が高まります。

F ライター・エディタータイプ

世の中のいいものを見つけ、届ける力のある方なので、独自の着眼点や情報選択力、読者視点の文章力を見せていくと専門家としての価値が高まります。

自分のことはわかっているようでわかっていないものです。このように改めて確認してみると、自身の得意不得意が見えてくるのではないでしょうか。

自分のタイプを知っていると、発信だけでなく「このスキルは得意だから、もっと伸ばそう」「この部分は苦手だから、無理をするよりも外注して、そこにかける時間を勉強に使おう」など、ご自身のビジネスやスキルアップ全般にも役立ちますよ。

lesson

初級編⑥

世界一頼れる存在は私。お客さまのお悩み解決博士になる

では、具体的に専門家投稿には何を書けばいいのでしょうか？

売れる起業家になるには、「お客さまのお悩み解決」や「願望を叶えるヒント」を投稿するのがおすすめです。

Facebookやブログを見ていて、「この人は技術もあるのに、いまひとつ売れてなさそうでもったいないな」と思う人は、たいてい、お客さまのお悩みや願望に寄り添った投稿をしていないようです。

「投稿のネタがなくて……」というあなた。でも、仕事熱心なあなたのこと。四六時中ペルソナのことを考えていますよね？

だとしたら、ペルソナに伝えたいメッセージはあるはず。この数日は、「お客さま

のお悩みは何だろう?」「叶えたいことは何なのかな?」「それを解決したり、叶えるために私が伝えられることは何かな?」という質問に答えることに集中してみてください。

専門用語ではなく、**お客さまの頭の中をめぐる言葉**で想像するのがポイントです。

そして、具体的に「お悩みを100個」「願望を100個」書き出してみてください。あの人はこんなことに悩んでいるだろう、こうなりたいという思いを持っているだろう、ということをひたすら書き出すのです。

そして、100個の中から「お悩みTOP3」と「願望TOP3」を代表として選んでください。

どうしても思いつかなかったり、書いてみても漠然としていてピンとこない場合は、起業のコンセプトがまだ漠然としすぎているのかもしれません。

事例をお話ししましょう。

ヨガ講師の安田詔子さんは、エクササイズとしてのヨガ教室を主宰していましたが、生き方の本質を伝える哲学としての「ヨガ哲学」を広めたい、という思いをお持ちでした。

そこで、ヨガ哲学を求める人のお悩みや願望の書き出しワークを行なっていただいたところ、

お悩み

・これまでの自己啓発や成功哲学ではイマイチ成果が出なかった
・人生に不安を感じている
・人間関係がうまくいっていない

願望

・自分の生き方に自信が持てるようになりたい
・身体・心の不調を自分で癒したい
・集中力を高めたい

といった内容になりました（実際の文章をもとに修正してあります）。「哲学」を扱っているので、どうしても表現が抽象的になりますよね。

これはもちろん、「哲学」を必要としている人全般のお悩みと願望としては正解なのですが、抽象度が高すぎて、これらの言葉をSNSやブログ上で見かけたとしても、さらっと通りすぎてしまいます。

そこで、「ヨガ哲学で人生をよくする」という大きなコンセプトからさらに絞って、「ヨガ哲学でお金の不安から脱して豊かさを開花させる」と、コンセプトを尖らせました。

これにより、お悩みや願望の書き出しは、

お悩み

・お金の不安がいつもある
・高報酬を受け取れる自信がない
・好きなことを仕事にできない

願望

・幸せなお金持ちになりたい
・自分が望む働き方をしたい
・豊かさで世の中に貢献したい

と変わりました。より対象者の心に深く突き刺さるものになったのがわかると思います。

また、ＳＮＳ発信も、よりペルソナのお悩みや願望にそって書くことで、20前後だったFacebookの「いいね！」の数が１００に近づき、「いつも気づきをありがとうございます」「目からウロコです」「共感します」といった深く共感するコメントがつくようになりました。

このように投稿を重ねていき、「いいね！」やコメントといった反響を受け取ることで、「理想のお客さま」のことをさらに深く知ることができます。

ビジネスも恋愛と同じで、相手の特別な存在になりたいと思ったら、相手のことを思い浮かべながら、「好きなこと、性格や考え方、行動の特徴」などの情報をひとつひとつ集めて、「相手に喜んでもらうために何ができるのか」と常に考え、相手を喜ばせる言葉を世界一持つ人になろうとするはずです。

「ペルソナのお悩み解決博士＝この分野での第一人者」を目指しましょう！

お悩みと願望の１００個の切り口を思いつかない場合は、お客さま候補がいれば、アンケートを取ったり、ライバルのホームページに書いてあるお客さまの代表的なお悩みをチェックしたりしましょう。

また、同業界の人が書いた本の目次も、読者のお悩みや願望といったニーズに応えるように練られたものなので、とても参考になります。

お悩みＴＯＰ３、願望ＴＯＰ３という深い悩みを軸に、お悩みや願望の切り口を広げながら、毎日ＳＮＳやブログの投稿をコツコツ行なってください。

「まさにそのことに悩んでた！」というヒットを繰り返せば、「この人のサービスを受けてみたいな」と思ってもらうステージに、お客さま候補の心は進んでいきます。

lesson

初級編⑦

近い未来、あなたの商品を買いそうな人は目に見える！

あなたの広場に1000人を集め（Facebookの友達を1000人にすること）、「専門家投稿」と「人柄投稿」をして、他の人の投稿にコメントすることを続けていると、その中でも濃度の「濃い友達」と「薄い友達」のグラデーションが徐々にできてきます。

105ページの広場の図でいうと、あなたのお店により近い方ほど「濃い友達」ということです。

Facebookのシステム上、自分の投稿は、一部のつながりの濃い友達やフォロワーのニュースフィードにしか表示されませんし、逆にあなたのフィードにも一部のつながりの濃い人の投稿しか表示されません。

あなたの投稿に「いいね！」やポジティブなコメントなどの反応を数多くしてくれる方には、あなたの投稿が頻繁に届き、さらに反応をしていただける、という循環ができるのです。

つながりの強い「常連の濃いお客さま」の方たちというのは、あなたの発信する世界観に関心があり、さらにあなたのビジネスに興味がある方たち、つまりお客さま候補です。

それも、本命商品に申し込んでくださる確率の高い「今すぐ客」「お悩み客」です。お客さま候補の具体的な姿が見えてきたら、今後は、この方たちに向けて発信していきましょう。

「今すぐ客」とは、現在抱えている悩みが深い方、解決策はおおよそわかっているのだけれど誰を頼ったらいいのかわからない、あとはあなたと会って商品購入を決心するだけ！　という方です。

「お悩み客」とは、深い悩みを解決したいけれど、解決方法がわからない、という方です。この人たちには、コメントやフィードから具体的なお悩みを読み取り、それを解決する記事を投稿して、「今すぐ客」に変わっていただきましょう。

もし、この時点で常連の方ができていないようであれば、あなたのビジネスや商品に魅力を感じてくれている人が残念ながらいない、もしくは魅力が伝わっていないということ。いったん立ち止まって、自分を掘り下げたり、ぶれていないか見直すところから、やり直してみましょう。

うまくファンづくりが進んでいれば、「非常に勉強になります。セミナーかコンサルティングがあれば行きたいです」という声もあがってくるようになります。

これが売れる兆し。ここまできたら、体験会の告知をするまであと一歩です！

そこで、フロントエンド商品（体験会）の告知をすると、「この人ならきっと私の悩みを解決してくれる」「この方法なら悩みが解決できる」と、一歩踏み出してくれるのです（詳しくは5章）。

lesson

中級編①
あなたから目を離せなくなる！主人公力を強化せよ

あなたの投稿によりお客さまの意識や習慣が変わることで、お客さまは未来が変わる手応えを感じるようになります。

発信することに慣れてきたら、お客さまを上のステージへと導き続けられるよう、ロールモデルやナビゲーターであるあなた自身も、自分の居場所をワンランクアップさせなければなりません。

本命商品の企画書をつくる頃には、この「ワンランクアップ」に取り組んでいただきたいと思います。目安としては、34ページのロードマップの3カ月目あたりです。

自分の居場所・発信の内容をさらにグレードアップするために、次の内容を書き出すワークをおすすめします。

・自分の人としての強み、持ち味
・自分の専門家としての強み、持ち味
・自分を大きな存在に例えると
・自分を小さな存在に例えると
・自分を表わすキーワード
・自分にチャレンジしてほしいこと

これらを自分で書き出すのもいいですし、できればぜひ、他の人にも書いてもらいましょう。起業家の仲間と集まってワークをやるのもいいですね。

人は自分のことをそんなふうに見ているのか、ということがわかり、想像以上に感動の体験となります。自分の書き出した内容と比べると、自分から見た自分と第三者からの見え方の違いに気づき、客観的に見た自分を知ることができるでしょう。

ワークの最初の2つは、そのまま第三者が見た、あなたの強みや持ち味はどんなものか、ということです。

あなたの主人公力ワーク

Identify The You

人としての 強み、持ち味	専門家としての強み、持ち味
大きな存在に例えると	小さな存在に例えると
キーワード	チャレンジ

次の2つ、自分の存在を例えるワークは、人は誰かのファンになるとき、「憧れ」と「親しみ」を感じているといいます。大きな存在に例えると、あなたの中の「憧れられる要素」が見つかり、小さな存在に例えると、あなたの中の「親しみやすい要素」が見つかります。

「大きな存在」とは、例えば太陽、象、女神、母、王様、ライオンなど。

「小さな存在」とは、アリ、ウサギ、ヒヨコ、妖精などです。

こうしてデフォルメすることで、あなたの本質が見つかりやすくなります。

そして、「あなたを表わすキーワード」とは、「あなたを一言で言うと」ということです。例えば、「情熱」「やさしさ」「ひだまり」など、自分のキャラクター・コンセプトが、印象として第三者にうまく伝わっているかどうかがわかります。

最後の「チャレンジしてほしいこと」は、理想のお客さまからの潜在的な期待です。あなたのストーリーの次の展開を言い表わしていることが多いものです。

ワークで客観的に見た「あなた」がわかったら、SNSの投稿に反映させましょう。

内容・表現を第三者から期待される視点に寄せていくことで、あなたの存在感はよりグレードアップするはずです。

例えば、専門家としての強みとして「カウンセリングがうまい」と言っていただけたのであれば、お悩み相談の投稿を増やす、など。

大きな存在として「太陽」という意見があったら、ポジティブで明るい言葉や画像づかい、「月」という意見があったら、静かな言葉や画像づかいを意識するというのも大切ですね。

これまでは自身で設定したキャラクターで、自身で決めた理想のお客さまに対して発信していましたが、**「他の人から見たあなたとのズレ」**を修正することで、ノイズがなくなり、よりあなたらしい魅力が強調されます。

投稿の中身についても、今回新しく始めるサービスに特化した内容へと変化させていきましょう。

TVでも、特番が始まる前にメイキングの様子を伝えるスピンオフ番組で、視聴者の気持ちを高めたりしますよね。例えば、歌のオーディション番組で、オーディション当日に向けて泣きながら頑張って練習している様子や、応援する友人や家族の様子を見せたりする、というイメージです。

新しく企画している商品の内容を少しずつチラ見せしていったり、「今、頭が沸騰しそうになりながら、新プログラムをつくっています！」など、新サービスのメイキングを投稿するなどです。

これまでの「専門家投稿」を、徐々にあなたの新しいサービスに寄せた内容に変えていくことで、もともと広場の中でもあなたの近くに集まってくれていた常連のお客さまが、より一層あなたという存在や、あなたのサービスに関心を持ってくださるようになります。

lesson

中級編②
お客さまの人生が変わるペルソナの表裏ゴール

あなたは自分のサービスで、一時的にお客さまを幸せにしたいですか？　それとも、人生が変わるきっかけとなり、一生心に残るような体験を提供したいですか？

もし、後者だとしたら、**ペルソナ設定の総仕上げとして、あと一段階ディープに踏み込んでみてください。**


私はかつて、あるレシピサイトの編集長をしていたことがあります。その仕事の中で「なんのためにわざわざ毎日、レシピサイトで調べてまでちゃんと料理をつくるのか？」をユーザーのご家庭にリサーチしに行きました。

その答えは主に「早く献立を決めたい」と「失敗したくない」の2つでした。では、なぜその2つなのかというと、「家事をきちんと時間通りにこなしたいから」「子どもにおいしいと言ってもらいたいから」という回答です。

解決したい問題の答えとしては納得できるし、共感できる内容です。けれど、さらに深掘りして、女性、妻、母としての願いを聞き出していくと、「料理は私の仕事。私がつくった料理で食卓に笑顔が生まれて、家族の思い出が積み重なっていく。料理をすることで、子どもたちの『お母さん』になりたい」という深い願いがこめられていることがわかりました。

毎日忙しく仕事・家事・育児をしながら、「おいしい」を効率よくつくるためにレシピサイトを見る、その背景には料理を通して「お母さん」になりたい、という愛情があったのです。

この思いを知っているのといないのとでは、レシピの打ち出し方も記事の表現の仕方も変わってきますし、ユーザーの心への刺さり方も変わります。

ペルソナにディープに踏み込むとは、こういうことなのです。

ここで、お客さまが解決したい目の前の問題や願望を「**表ゴール**」、人生に関わるような願いを「**裏ゴール**」と呼ぶことにします。

実はお客さまの多くは、目の前の問題解決や願望成就という「表ゴール」の他に、なぜそれを解決したいのか、成就したいのか、という人生に影響があるレベルでの「裏ゴール」を持っています。

このゴールへの命中率が、購入の決定をしてくださるかどうか、心のスイッチを押すポイントとなるのです。

お客さま自身はこの「裏ゴール」に気づいていないことが多く、「こういう背景があるから、この問題を解決したいんですよね。私と一緒に取り組みましょう」と裏ゴールに気づけるような発信をすると、命中率がぐっと高まります。

また、この「表ゴール」と「裏ゴール」の使い分けができるようになると、セッションや講座などのリアルな場だけではなく、SNS→ブログ→メルマガで完結して商品販売ができるようにもなります（その具体的なやり方は、のちほどお伝えしますね）。

では、ペルソナの「裏ゴール」を設定する質問に答えていきましょう。すべて主語はペルソナです。

①（ペルソナが）喜びを感じることは何ですか？
②毎朝起きるときに楽しみなことは何ですか？
③怒りや悲しみを感じることは何ですか？
④大切な人は誰ですか？
⑤大切なことは何ですか？
⑥誰のどんな幸せを増やしたいですか？
⑦誰のどんな苦しみを取り除きたいですか？
⑧大切なことは何ですか？
⑨女性／男性としての人生の願いは何ですか？
⑩妻／夫として（もしくはパートナーシップにおける）の人生の願いは何ですか？
⑪母／父として（もしくは自分の母性、父性における）の人生の願いは何ですか？
⑫社会人としての人生の願いは何ですか？

⑬自分が死んだとき、「何をした人」と言われたいですか？

例えば、対面のセッションなどで、これらの質問を自然な形で投げかけながらお話を伺っていくと、たいていのお客さまは「ああ、私はこの願いを叶えたかったから、目の前のこの問題を解決したかったんだ！」と気づきます。

そして、**自覚していなかった「本当に叶えたいこと」に気づかせてくれたあなたに感動してくれるのです。**

ただし、単に目の前の問題を解決したいと思って訪れるお客さまは、こんな本質的な質問を突然されても戸惑ってしまいます。

前提として、深いところから変化することを求めている人だけにこの質問をすること、または、深いところに触れる段階になったときに触れていくことにしましょう。

lesson

中級編③

ブログは専門性がしっかり伝わる大きな名刺

濃いファンができて体験会を告知し始めるころには、ブログも整えておくようにしましょう。あなたの投稿を見て「この人のことをもっと知りたいな」と思ったとき、名前やサービス名でネット検索をしてもあなたの情報がないという状態だと、「信頼して大丈夫かな？」と心配になり、気持ちが盛り下がってしまいます。

自分がお客さまの立場だったとしたら申し込みをする前に相手のことを調べておきたいですよね？

ブログはいわばネット上の「大きな名刺」のようなもの。専門家のあなただからこそ書ける記事を、Facebookより文字数を多くして、しっかり書いていきましょう。

Facebookが自分をCMのように発信するメディアだとすると、ブログは「専門家としてのあなた」を体系的に見せるメディアです。

ブログを見に来てくれる方は、あなたのことを知りたくて、主にキーワード検索を通して、わざわざ向こうからやって来ています。「ここに来れば問題が解決する」「これからもこの人の情報を読み続けたい」と思っていただけるような、「専門家のあなただからこそ書ける」記事を載せるようにしましょう。

ブログの構成としては最低限、ページ内にタイトル・ブログのキャッチコピー・あなたの商品（メソッド）の説明・あなたのプロフィールを入れます。

記事は、最低でも3つのカテゴリーに分け、それぞれ5記事ずつ、計15記事を用意します。分け方は、書きやすい方法でかまいません。プログラムのステップごとでもいいですし、本命商品をつくる際に考えたプログラムの「3本の柱」の内容を解説する形でもいいですね。

それに加えて、「理想のお客さまのお悩み解決」を5記事、「お客さまの声」を5記事、全部で25記事程度を用意しておくと、興味を持って見に来てくださった方が「あ、この人は信頼して大丈夫そうだな」と感じてくださるはずです。

よく、ビジネスを始めるにあたって、素敵なデザインのホームページをつくらないといけない、と考える方がいらっしゃいますが、どちらかというと記事の内容のほうが大切。まずはアメブロなどの無料ブログがあれば十分だと私は思います。

せっかく高いお金を払って立派なホームページをつくっても、今後ちょこちょこと手を入れることになるので、本命商品を発売してビジネスが回り始めてから、ゆっくりと「あなたの世界観」を詰め込んだホームページをつくればいいと思います。

lesson

中級編④
濃厚なファンをつくるステップメールを配信する

メルマガ、特にステップメールは活用することを強くおすすめします。

起業家としてのデビュー戦はSNS＋ブログだけで成り立ちますが、今後、安定して集客していきたければ、ステップメールがその中心的なツールとなります。

なぜかというと、**ステップメールは見込み客の数がカウントできて、見込み客を数日で「お客さま」にまで変えることができるツール**だからです。

私自身の経験上も、「ステップメールを読んで、感動して体験会に申し込みました」「たくさんのステップメールをとっていましたが、結局このメールしか読まなくなったので、自分に合っていると思い体験会に申し込みました」とわざわざコメントをそえて体験会に申し込んでくださるのは、ステップメール読者です。

ＳＮＳでは、あなたの情報はＣＭのように流れていきますが、ステップメールは、通信講座のように、「〇〇がわかる７日間無料メール講座」のような体裁で毎日、メールボックスまでお届けすることができます。

意欲のある人は開封して毎日読み、７日がすぎる頃には、「この人のリアルなセッションや講座があったら、行ってみたい」という気持ちになっています。

そこですかさず体験会のお知らせを送れば、お申し込みいただける確率はＳＮＳでいきなり告知するよりも、高くなるのです。

ステップメールから体験会にお申し込みいただく確率ですが、５～10％を目指しましょう。つまり、毎月１００名の新規登録があれば、そのうち５～10名が体験会にお申し込みいただけるということです。

この確率が安定すると、集客計画も立てやすくなります。

ステップメールのタイトル

ステップメールは登録してもらわなければ始まらないので、まずタイトルを決めましょう。衝動的に、「この情報がほしい！　メアドを入力して登録しよう！」と思ってもらうことが必要なので、このメール講座を読むと↓どんな、何が手に入るということが、わかりやすいタイトルにします。

事例を紹介しますね。

・7日間で3サイズバストアップする無料メール講座
・運命のパートナーからプロポーズされる秘密の7レッスン
・自然派起業家が10倍稼げるようになる無料メール講座

あなたの場合はどんなタイトルにするのか、考えてみてください。

ステップメールの構成

ステップメールでは、タイトルにしたテーマにそって、1日1レッスンずつお届けしていきます。

レッスンをお届けするだけでなく、「あなたに会いたい」と思っていただきたいので、レッスンに加えて、ある特効薬を加えていきます。それは、「共感文」。あなたに共感してもらえるような文章です。

各回、こんな構成で書いてみてください。

0日目：

導入Lesson ＋共感文……こんなお悩みはありませんか？ このステップメールは○○を解決するレッスンを毎日お届けします。○○の問題が解決すると、○○なあなたになれますよ。〈自己紹介〉

1日目：

Lesson1 ＋共感文……このメール講座を最後まで実践していただくと、人生にこんな違いが出てきます。一人ひとり課題が違うので、独りではなく、伴走する人が必要です。〈お客さまとの関わり事例〉

2日目：

Lesson2 ＋共感文……（このステップメールに関連するテーマで）〈自分の最大の困難と乗り越えたこと〉

3日目：
Lesson3 ＋共感文……〈お客さま事例〉
4日目：
Lesson4 ＋共感文……自己流で取り組んだ自分の失敗事例と、試行錯誤の末、乗り越えることができた方法に出会った。あのとき導いてくれる人がいたら、あんな遠回りはしなかったのに。〈メソッドやメンターとの出会い〉
5日目：
Lesson5 ＋共感文……困難を乗り越えた方法に出会って、まず一歩目に自分がどう変わったかをお話しします。〈一歩目の変化〉
6日目：
Lesson6 ＋共感文……〈お客さまが変わった事例〉〈メルマガ読者特典（体験会割引）〉
7日目：
共感文……皆さまからこれまでいただいたご質問にお答えします。〈お申し込み前に出てきがちな不安を想定して、払拭する〉

8日目：
体験会のお知らせ、体験会に実際に来た人のエピソードと感想

ステップメール登録を促す方法

ステップメールの読者を集めていくことが、集客の安定化につながる、とお話ししました。ステップメール読者のアドレス＝顧客リストなので、何より大切な財産になります。

では、どうやって読者を集めていけばいいのかというと、いくつか方法があります。

- **ホームページ、ブログ、SNSにステップメール登録の導線をしっかり入れる**

各ページのヘッダーやフッター、投稿記事の最後などに登録フォームを設置します。

- **ステップメールへの登録促進キャンペーンを定期的に行なう**

お客さま候補の役に立つ内容を小冊子にして、インターネット上でプレゼントするなどのキャンペーンを行なうと、通常よりも多くの読者が集まります。

・広告を出す

広告は費用がかかりますので、資金ができてから取り組むことをおすすめしますが、Facebook広告や、GoogleやYahoo!のリスティング広告は、個人起業家でも比較的出しやすい金額で広告を出すことができます。

ただし、広告を出す対象者の選定や、広告内容などを緻密に計画しないと、ただ広告費を払って何もならなかったとなりかねないので、特にはじめは手数料がかかりますが、広告のコンサルタントや実際に成果を出している詳しい人などに依頼することをおすすめします。

その後、勝ちパターンが見つかれば、自分で運営してもよいでしょう。

・ホームページ・ブログにSEO対策をする

SEO対策にはさまざまなテクニックがありますが、主に私たちができることは、キーワードを意識した記事を書くことです。

ペルソナがGoogleやYahoo!などの検索サイトで検索をしそうな言葉＝キーワード

を考えて検索ボリュームを調べ、検索結果上位TOP5の記事を研究して、タイトルや本文の見出しにキーワードを入れながら優良な記事を書いていくと、検索されたときに、検索結果で上位に上がるようになります。

SEO対策の記事の執筆は、とても労力がいりますが、ヒットする記事（メルマガ登録につながる内容がたくさん入ってくる記事）ができてくると、永久の資産になります。

ですから、ある程度集客が安定してきたら、時間をとってSEO対策記事に取り組むことをおすすめします。

コツコツとSEO対策記事を書き続けて、2年後に月間20万PVとなり、毎月100名が体験会に参加するようになったというツワモノもいます。

lesson

中級編⑤

10分後に商品が売れた！買いたい気持ちに火がつくメルマガ

ファンができ、ひと通り集客が安定してくると、「SNS↓ブログ↓（ステップメールではない）単発のメルマガ」だけでも、講座への申し込みやグッズなどの商品の販売ができるようになります。

事例をお伝えしますね。

自分を大切にする気持ちを育てることで存在自体が輝く美容法「存在美容術」を伝えている美容術師の健石ともこさんのSNS↓ブログ↓メルマガ活用例です。

ともこさんは美容家ではありますが、実はバリ島を旅して現地の人にスピリチュアルカウンセリングをしたり、仏師としての一面を持っていたり、日本人離れしたデザインや物選びの美的感覚もお持ちでした。ただ、その深い面や個性をそのまま出しても、「一般の人には受け入れられないのではないか？」という悩みを持っていました。

時代も変わり、今は精神的なメッセージも受け入れられやすくなっています。ただ、突然にスピリチュアルな打ち出し方をすると、「あやしいのでは」と敬遠されやすくなることも事実です。

そこで、まずSNSでの発信を、フランスとアジアが融合したシノワズリのような雰囲気を意識してもらい、親しみやすい範囲で国際的な感性や自立した女性のイメージをさりげなくアピールしてもらうようにしました。すると、「ともこさんの世界観が好きです」という声が上がるようになってきました。

濃いファンができてきたら、次はそのファンの方たちの次のステージとして、サービスを購入していただけるような関わりを深めていきました。

日常的なお悩みに寄り添いながら、関係性が深くなるにつれ、精神的な面にも踏み込んでいくという、一歩一歩自己開示していく手法をとります。

具体的には、メディアの使い分けをし、少しずつ関係性を深めていきました。

・Facebook記事：ローズは、美肌効果に優れています。

・ブログ記事：ローズは、女性ホルモンの働きかけることで内側から発光するような素肌をつくります。そして、心を穏やかにして幸せな気分にします。

・メルマガ記事：ブログ記事にプラスして、ローズは自己肯定感が高まることで、深い安心感と人生に対しての信頼が生まれやすくなり、人間関係がよくなる方が多いのが特徴です。特に頑張り屋さんで、甘えるのが苦手な方は、ローズを使ってみてくださいね。肌も心もフワフワになりますよ。

というふうに書き分け、一歩一歩、精神的な面へのアプローチを進めたところ、メルマガ配信から10分ほどでローズウォーターとブレンディング用セットが完売し、「自然美容クラス」という講座のお申し込みも入りました。

このように、いきなりメルマガを送るのではなく、SNS↓ブログ↓メルマガの流れの中で徐々に丁寧に心の距離を縮めると、体験会などリアルな場に来ていただかなくても、コースの講座や、商品がメルマガから売れるということが起こります。試してみてくださいね。

lesson

中級編⑥ テーマを絞って大ヒット！ インスタグラム活用法

「インスタグラムはやったほうがよいのでしょうか？」

急成長しているメディア、インスタグラムは皆さん気になっているようです。

２０１８年6月には全世界のアクティブユーザー数が10億人を超え、日本でも国内アクティブユーザー数は２０００万人を超えたと発表されました（２０１７年10月）。Facebook の推定ユーザー数は２８００万人で、主に20代から40代の男女が半々ずつ利用しています。

ＬＩＮＥの公表ユーザー数は７３００万人で、主に20代から40代の男女が半々ずつ。Twitter の公表ユーザー数は４５００万人で、主に10代、20代を中心にやや女性のほうが多く利用しているようです（参考：「インスタラボ」（https://find-model.jp/insta-lab/）の「四大ＳＮＳ国内利用者数（男女別・年代別）」、２０１８年2月22日時点）。

インスタグラムは、20代から30代の女性ユーザーが最も多いため、ペルソナがその世代の方向け。マーケティング（お客さま候補に出会う）のために活用するなら、アパレル・美容・料理や食品・物販サイトなどを扱うビジネスにおすすめのツールです。共通点は、ビジュアル（画像）で商品の魅力を伝えて、ユーザーの興味を惹くことができるジャンルということです。

インスタグラムをビジネスで使用する場合のネックは、「投稿にリンクができない」という点でした。

ですが今は、フォロワーが1万人を超えて、認証されたアカウントが「ストーリー」機能を使って画面をスワイプアップし、ホームページなどにリンクすることができるので、本気でビジネスに使いたいのであれば、フォロワー1万人超えを目指すのがおすすめです（インスタグラムをはじめとするSNSの機能は日進月歩でアップデートされていきますので、今後はよりビジネスに使いやすくなる可能性もあるかもしれません）。

私自身はインスタグラムをビジネス活用していないのですが、私の知人の中で最もインスタグラムを活用している、美容師の尾形拳さんの事例をお伝えしましょう。

尾形さんのインスタグラム（tokyohair.ken）のフォロワー数はなんと、1万7000人！　インスタグラム経由で、毎月30人前後の新規のお客さまがサロンを訪れるそうです。

尾形さんに活用の秘訣を聞きました。

・特徴を1つに絞っている

尾形さんのインスタグラムでは、テーマを髪質改善に絞っています。髪質改善したいなら→尾形さんと想起しやすくなっています。

・写真に統一感を持たせている

写真は、主にロングのツヤツヤの髪の後ろ姿ばかりが並んでいます。また、自然光の中で白かべの同じ場所で撮影することで、髪の毛がよりきれいに見えることと、統感をもたせることに成功しています。

・1日に何度も投稿する

最低でも1日に3回は投稿されています。ベストな投稿回数については諸説ありますが、いろいろ試して、いちばん「いいね！」や「フォロワー数増」の反応がよかった3回に落ち着いたそうです。

・ハッシュタグを活用している

ハッシュタグ（#トリートメント #髪質改善 #縮毛矯正 #ストレートパーマ #クセ毛など。中には韓国語のハッシュタグも）をつけて、ハッシュタグ検索で上位になるとフォロワーがどんどん増えます。

尾形さんは、もう何年も前からいち早くインスタグラムを始めていたので、先行者利益で、マーケティングにつながるインスタグラマーになっています。

インスタグラムのお手本

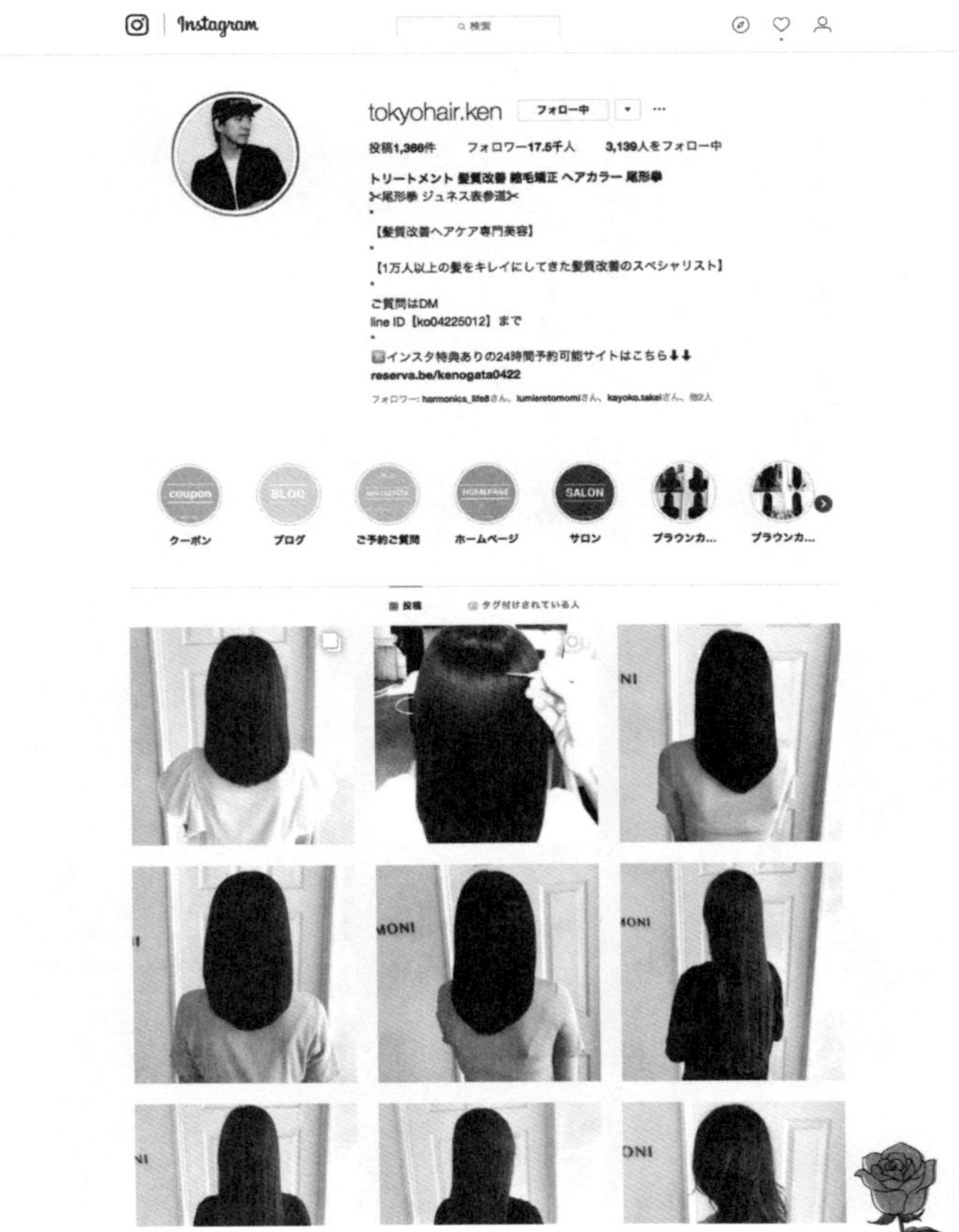

ただ、インスタグラムはこれから始める人にも十分可能性があるメディアですので、自分と同じ業界の人で、思わず自分が「いいね！」してしまう人、ユーザー目線で思わずお申し込みしてしまいそうになる人をロールモデルにして、今からでも取り組んでみてはいかがでしょうか？

Chapter 5

世界でただ1つ！
私らしさを結集した
「商品企画力」

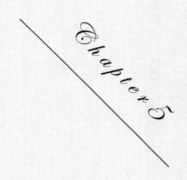

lesson

お客さまへの最高の贈り物＝本命商品を企画書にする

それではいよいよ、あなたらしさを結集した、世界でただ1つの「本命商品」をつくっていきましょう！

ここまでお読みいただき、皆さんなんとなくでも、「自分が本命商品をつくるなら、こういうプログラムだな」という形が見えてきているのではないでしょうか？

私はそれを、企画書（募集要項）という形に落とし込むことをおすすめしています。

この企画書はお客さまとの面談時のプレゼンツールになります。購買心理に基づいた構成になっているため、口頭での説明やチラシを1枚渡すよりも、あなたの代わりの優秀なプレゼンターになってくれます。

また、さらにビジネスを発展させていく段階になったとき、人生の目的や理念を同じくする、ほかの起業家や企業とタッグを組むことになるかもしれません。そんな場合にも、ビジネスパートナーへの説明資料として、この企画書は役立ってくれます。

本命商品の企画書には、基本的に次の要素を盛り込みます。

①この商品を通じて実現したい夢・ビジョンと主宰者のミッション
②この商品のコンセプトと3つの特徴
③3つの特徴の具体的な説明
④カリキュラム、回数、時間、期間、会場など
⑤こんな人におすすめ
⑥この商品があると（受講すると）こうなれます
⑦コースと価格、支払い方法
⑧よくある質問
⑨主催者プロフィール

要素が多く感じられるかもしれませんが、これまでに書き出してきたことを、お客さまの心を動かす表現を意識しながら、①〜⑨の形にあてはめていくだけです。

次から、各要素のポイントをご説明します。最終的にはパワーポイントの企画書に完成させていくのが見栄えもよくおすすめですが、まずは箇条書きで要点を書き出すことから始めていきましょう。

①この商品を通じて実現したい夢・ビジョンと私のミッション

これは1章でお話しした、あなたの人生や起業の目的、つまり、あなたがこの商品を提供していることの背景です。ご自身の経験や体験からくる思いを表現しましょう。「この人がこの商品を扱う」ことの納得感が高まります。

②この商品のコンセプトと3つの特徴

①で、あなたがこの商品をつくることに納得してもらえたら、商品の他にはない特徴を3つ挙げます。

人が一度に何かを覚えられるのは3つ程度まで、と言われています。ですので、自身の商品の特徴を3本柱にまとめましょう。

参考になるのは、ライバル研究で得たライバルのメニューの中で、「この書き方はわかりやすいな」と思ったものを参考に、これまで掘り下げたコンセプトやリソースを加えて自分バージョンにし、3つの特徴にまとめることです。これで、自身の商品の軸が固まります。

③3つの特徴の具体的な説明

②で掲げた3本柱の詳しい説明です。その商品で行なうこと、その理論や根拠を紹介します。可能であればセッション風景など、実際の情景を写真で載せることでより安心感を高めましょう。

④カリキュラム、回数、時間、期間、会場など

ここでいよいよ具体的な商品の内容を説明します。特に期間については、企画書をお見せしながら説明する際に「なぜその期間が必要なのか」をお話しするようにします（先述したような、習慣化するには3カ月かかると言われている、などの説明）。

⑤こんな人におすすめ

「表ゴール」の身近なお悩みだけでなく、「裏ゴール」の人生で叶えたいことを意識して5つくらい書きましょう。「私のための商品だ！」と感じてもらえるほど、お申し込みにつながります。

⑥この商品があると（受講すると）こうなれます

こちらも「表ゴール」「裏ゴール」を意識して5つくらい書きましょう。お客さまの「ゴール」に到達した姿を言葉や写真で表現することが大切です。

痩身やボディメイクなど、ビフォー・アフターを比べられる業種の場合は、ご自身もしくは協力してくださる知り合いを見つけて、写真を掲載するのも効果的です。

ただし、美容系の広告や宣伝にビフォー・アフター写真を使うことは、原則として禁止されていますので、あくまでも説明資料での使用にとどめる必要があります。

写真で表現するのが難しい業種の場合でも、「お客さまの声」は必ず入れましょう。申し込みをしようか迷っているお客さまの後押しになりますし、安心感、信頼感につながります。まだ実際のお客さまがいらっしゃらない場合には、知り合いに頼んでモニターになってもらい、声を集めましょう。

⑦コースと価格、支払い方法

コース内容（事前カウンセリング、レッスン○回など、料金の中に何が含まれるのか）、期間、料金、有効期間、支払い方法、特典など、条件面の記述箇所です。細かい部分ですが、実はここには注意ポイントがたくさん隠れています。

期間については、「成果」を売りにする商品ですから、レッスン日だけでなく、「期間中はあなたをサポートしますよ」ということがわかるような文言を使いましょう。

・キャンセルポリシー

また有効期間、キャンセルポリシーは必ず設定します。期間内に成果を出すことを売っているわけですから、お客さまの都合による予約の振り替えを無制限に受け付けていたら、3カ月のプログラムが6カ月になっていた、というのでは商品価値が下がってしまいます。それに気軽に予約を振り替えられてしまうと、こちらの予定、ひいては他のお客さまの予定が狂うことになってしまいます。

例えば「期間以内に2回までならば振り替え可能」などの条件をあらかじめ提示しておくといいと思います。

・お支払い期限

支払いについても、短めの期限を設定することをおすすめします。基本的に企画書をお見せしての説明後、3〜4日以内でのお支払い期限を設定するのがいいでしょう。あなたの説明を聞き、熱い気持ちがあるうちに申し込んでいただきましょう。商品に価値を感じてくださったお客さまなら、心は決まっているはずですし、お手続きが早く終われば、こちらも早めにお客さまのプランなどを考え始めることができます。

また、たいていの高額プログラムは、決められた期間でなんらかの成果を共に追うものなので、決断と行動のスピードにこだわることは、よい習慣化にもつながります。

・特典

決断を後押しするために、お得感を感じていただけるような特典や「早割」のようなサービスをつけることもおすすめです。

「そんなに支払い期間やキャンセルポリシーにこだわらなくてはだめ？」と思うかもしれませんが、とても大切なことです。「お客さまは神様」という言葉は、「お客さまの前ではプロとして気を引き締めて仕事をしよう」という意味で、お客さまの言うことを何でも聞けという意味ではない、と言われています。

「お客さまに嫌われたくない」などの一時的な感情から、自分を軸にしない経営を続けていると、あなた自身に余裕がなくなり、商品価値が下がって、結果的にいいお客さまほど離れていってしまいます。

支払いや契約に関するやりとりには一時が万事で、マインドや価値観、自己管理、礼節がすべて表われます。お金や期限については、お客さまに無理を言う必要はありませんが、秩序を持ってリードしましょう。

⑧よくある質問

あらかじめ想定される質問事項は、企画書の段階で盛り込んでおくことで、商品説明のたびに同じことを聞かれることもなくなりますし、その時間を短縮できる分、お客さまの個別の疑問にお答えする時間が増えます。

⑨主催者プロフィール

これはライバルやあなたがロールモデルにする人のプロフィールや、自身のリソースを参考にしながら書いていきます。ポイントは、肩書きの後、本文のいちばんはじめに「びっくりするようなアピールポイント」を数字などを使って書くこと。また、このビジネスで起業を志したきっかけの出来事など、あなたの経験を織り込むことで、お客さまの共感を得やすくなります。

これら①~⑨をそれぞれA4用紙1ページにまとめます。どんなに思いが深くても、多すぎる資料や長すぎる説明だと、その時点で人は読む気をなくしてしまいます。簡潔でわかりやすいことを心がけましょう。

特に女性を顧客にするサービスの場合、ひと目でイメージが伝わる写真や図、画像をたくさん使いましょう。

お客さまへの贈り物企画書

Proposal for Client

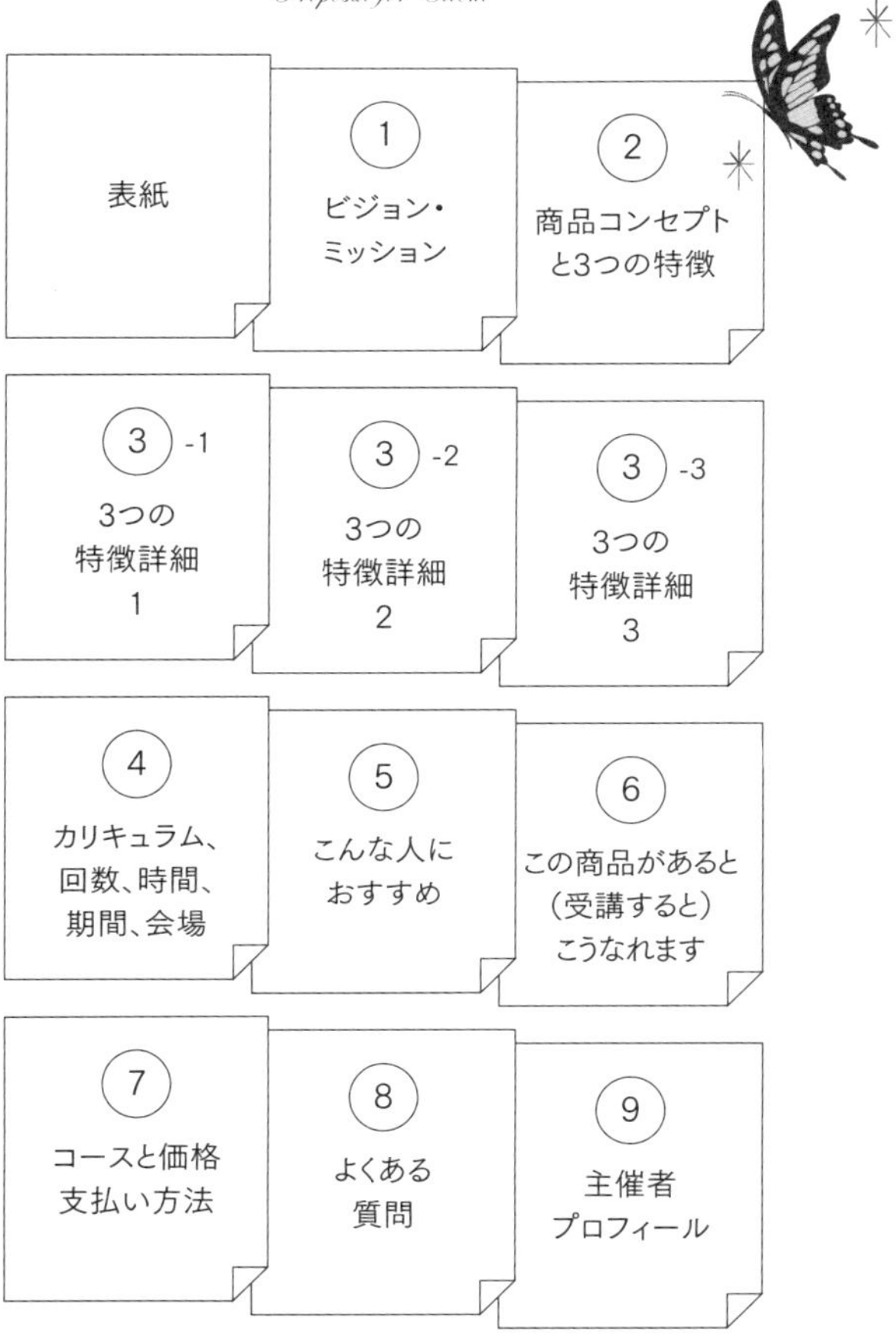

そして最後に、大切なのは表紙です。私は、

- **ロールモデルとしての自分の写真**
- **プログラムで行なう内容のイメージ写真**
- **コンセプトが伝わるイメージ写真**

の3点を載せるようにお伝えしています。特に美容系のお仕事の場合、お客さまは「先生みたいになりたい」と思ってお申し込みを決定してくださいますので、「完成予想図」としてのあなたの写真はとても重要になります。

この自動的に本命商品も完成です。たいていの人がここまで企画書が完成すると「これなら売れる！」と自信に満ちます。きっと、あなたもそんな状態なのではないでしょうか。

企画書の仕上げとしておすすめしているのは、ペルソナや起業家仲間に見てもらうこと。客観視点を取り入れると、飛躍的に内容がよくなります。

ただし、それを取り入れるかどうかは自分軸でしっかり決めて、120％あなた色の企画書に仕上げてくださいね！

lesson

出会いの場に粋な演出を！感動する体験会を開く

あなたのビジネスの看板（コンセプトやサービス名）に興味を持ったお客さまが、一歩を踏み出しやすいように用意するのが「フロントエンド商品」です。

私は、本命商品のフロントエンド商品として、体験会を開くことをおすすめしています。

フロントエンド商品（体験会）では、

①あなたの商品（サービス）のエッセンスを体験していただく
②あなたや商品への信頼を深めて、「この人や商品なら大丈夫」と思っていただく
③商品へのニーズを高める（ご自身の問題や願望に気づいていただく）

ことを目指します。

フロントエンド商品の目的は、本命商品の申し込みの前段階として「個人面談」に申し込んでいただくことに置くといいでしょう。

体験会であなたのサービス（商品）へのニーズを高め、「もっと詳しく聞いてみたい！」と思っていただいた方には、先ほどつくった企画書を用いながら個別でご説明をする。そこで、さらにあなたや商品への信頼を深め、本命商品にお申し込みをいただく……という流れです。

それでは、お申し込みへの第一歩、フロントエンド商品をどのような考え方で、どのようにつくればいいのか、ご説明していきます。

まず大まかな形からいうと、

・価格：5000〜8000円程度
・時間：2〜3時間程度
・人数：4〜12人程度

の体験会、セミナーのようなイメージです。

・価格

一般的な「体験会」のようなイベントは、無料であったり、有料でも3000円くらいまでのものが多いのではないでしょうか。ですが、無料や値段の安さに惹かれて参加する方は、気軽な分、本気度の低い方が多くなります。交流目的などで「とりあえず出てみるか」程度の方も少なくありません。

5000~8000円という値段は、多くの方にとって「本気でその内容を学びたいと思っていないと払わない」という金額ではないでしょうか。

この金額を出してでも、あなたの商品を体験してみたい、そう思ってくださる方は、自己投資意欲が高く、当然、本命商品のお申し込みにつながる可能性も高いです。

フロントエンド商品の最終的な目的は、本命商品をお申し込みいただくお客さまに出会うことですから、この時点である程度ふるいにかける必要があるのです。

・人数

全員と十分にコミュニケーションが取れることが重要です。ただ、ごくプライベートなお悩みを扱う場合など業種によっては、はじめから個別セッションのほうが適していることもありますので、あなたのサービスに合わせて調整してくださいね。

・会場

どんな場所で開催したらいいか、ですが、セミナー形式で行なう場合はレンタルオフィスが一般的だと思います。私は場の力は大きいと思っているので、駅を降りで会場まで歩く道のり、そして会場に足を踏み入れたときの雰囲気、帰り道まで含めて、心が整い、起業家としての意識のステージが上がるような「気のいい」場所を選ぶようにしています。

カフェやギャラリーをセミナールームとして借りられる場合もありますし、目的や人数に合わせてレンタルスペースを予約できるサイトが、今はたくさんあります。

ご自身の好みや、あなたや商品の世界観と雰囲気が合っているかなどを考えながら、会場選びをしましょう。

自分が参加者だとしたら、どんな空間で体験会に参加できたらうれしいかをイメージし、「駅から近い」「窓がある」「席数に余裕がある」など、条件をお客さま目線で絞り込んでいくことも大切です。

「理想的な会場で体験会を行ないたい」と夢はふくらみますが、経営者としては赤字にしないことはとても大切。かけられる予算をきちんと計算したうえで、会場探しをしましょう。

フロントエンド商品がマンツーマンの個人セッションの場合、よく使用されるのは、レンタルサロン、カフェ、ホテルのラウンジなどです。

話の内容が周囲に聞こえすぎず、かといって周りがうるさすぎない話しやすい環境であること、そして何よりも、あなたが過ごしやすいな、と思えるリラックスできる場所であることが大切です。

体験会を開催したら、開催報告写真を撮って、ＳＮＳやホームページに掲載しましょう。

お客さまにも、実際の雰囲気が伝わりますし、会場や行き帰りの街の風景は写真の背景になりますから、自分のキャラクターに合ったものにすると、そのままあなたの描く世界観の背景になり、あなたのブランディングにも役立ちます。

lesson

感動体験会6つのポイント

具体的に体験会の内容を考える事前準備として、お客さまに感動していただけるような時間にするために、6つのポイントを書き出しておきましょう。

①どんなお悩みのある方向けにするか?

ペルソナのお悩みの中でも、体験会で特に扱うお悩みを決めます。

②どうやって問題意識を深めてもらうか?

お客さまは、自分の本当の問題や、問題のレベルにはっきりとは気づいていません。例えば、問題レベルを診断するものやチェックシートなど、お客さまにはっきりと、「私、もしかしてまずい状態かも!」と思っていただけるツールやワークを用意しましょう。

③どうやって未来への希望を持ってもらうか？

問題意識を深めてもらったら、必ず「脱出ストーリー」も用意しましょう。問題へのおおまかな解決策や、解決することができた人の事例を用意して、「このプログラムなら自分は変われそう！」と思ってもらえるようにしましょう。

④どうやってあなたを好きになってもらうか？

「何を習うか（受けるか）」よりも、「誰から習うか（受けるか）」が重要です。あなたの専門家としてのよさを知ってもらうために、例えば自己紹介で、今の仕事を始めたきっかけや、挫折を乗り越えた経験を自己開示するとか、特に得意な技術を披露するなど、あなたの魅力的な部分を出しましょう。

⑤どうやってあなたのサービスを好きになってもらうか？

一言で言えば、体験会に参加して、「楽しかった！」「自分がいい方向に変われた！」

という実感を持ってもらうことです。楽しんでいただくことや、変化の実感を持っていただける工夫をしましょう。

⑥どうやってあなたを専門家として信頼してもらうか?

資格や経歴を自己紹介でお伝えするもの大切ですが、いちばん効くのは、クライアントの成果、実績を伝えることです。

以上、6つのポイントについて準備します。

これらの要素がすべて組み込まれた内容になったとき、お客さまは「この体験会はすごくよかった。この先はどうなっているのだろう?」と、本命商品への興味を持ってくださいます。

lesson

体験会では具体的に何をすればいい？

体験会では、実際の雰囲気を体験してもらいたいので、あなたの本命商品と同じスタイルのものを提供するのがおすすめです（ワークショップ形式、セミナー形式、セッション形式など）。

体験会のテーマの決め方

あなたの十八番とも言える、商品の最も魅力的なところを切り出します。本命商品を分解して、その中からハイライトとなる部分を抜き出しましょう。

例えば、私自身の事例でいえば、「起業コンサルティング」というテーマの中でも私の最も得意なものは、「コンセプトとネーミングづくり」です。なので、「あなたの強みと才能からつくる『組み合わせ起業』ワークショップ」や「ビジネスを拡大したい起業家のためのアドバンテージコンセプト単発コンサル」といったフロント商品（体験会）を設定しています。

ライバルの商品にはない「あなただけ」が提供できる部分、既に起業されていてお客さまがいらっしゃる場合には、これまでの関わりの中で感動していただいた部分をピックアップします。

内容（コンテンツ）の決め方

ハイライトを抜き出したら、あなたのサービスを受けるにあたって知っておいていただきたい基本的な理論をわかりやすくお伝えすること（レクチャー）と、体験して実感していただくこと（ワーク）を中心に、2〜3時間程度で完結するようなタイムスケジュールをつくります。

体験会の内容を考える際のポイントは、お客さまの目に見えている現在の問題への意識を高め、それが解決した未来の状態を提示すること。**「この商品は、あなたの理想とする未来の姿になるためのお役に立ちます」**ということを伝えられる内容にすることです。

体験会やセミナーの参加者というのは、受け身になりがちなものです。

「今の自分の悩みは◯◯です」

「◯◯が解決したら自分はこう変わり、こんな気持ちになると思います」

とお客さま自身が言葉にすることで、心で思うだけよりも深く現状の問題を認識し、それが叶った未来を手に入れたいと感じるようになります。


フロントエンド商品は「体験」の場ではありますが、ちょっとお試しをしてもらう、という姿勢ではなく、あなたのサービスのエッセンスを十分に味わっていただき、感動していただく場です。

たとえ体験会であっても、魂をこめて提供しましょう。

lesson

体験会を満席にする段取り作戦

フロントエンド商品は、本命商品のプログラムを開始しようと考えている日の3週間ほど前に開催を終えるくらいがベストです。

この3週間の間に、ご希望いただいた方との個人面談を完了し、いよいよ本命商品のスタートとなります。

例えば、4名の本命講座を開講したければ、フロントエンド商品の体験会は本命商品販売前に4名程度で3回くらい開催することをおすすめしています。

これは経験上、体験会参加者の3割程度が本命商品にお申し込みいただける、と体感しているからです。

もちろん体験会の人数にもよりますが、最初に目標とした20～25万円の商品を購入してくださる「4～5名」のお客さまを確保するための目安として見てください。

フロントエンド商品＝体験会の開催告知については、SNSで開催日の3週間前から開始し、さらにその1週間前から、改めてあなたの世界観を発信する投稿を開始しておきます。

7日前：私の夢（ビジョン）
6日前：〇〇（サービス）のコンセプト
5日前：私のストーリー（きっかけや思い）
4日前：これまでの参加者（モニター）の変化や　お客さまの声①
3日前：これまでの参加者（モニター）の変化や　お客さまの声②
2日前：こんな人におすすめ
1日前：いよいよ明日、体験会告知開始！

このように、改めてあなたがなぜ、そのサービスをするのか、ストーリーを発信し

体験会の準備スケジュール

Preparation of trial session

11 *Weeks Before*	体験会企画
10 *Weeks Before*	体験会仕込み投稿開始
6 *Weeks Before*	体験会告知開始
3〜1 *Weeks Before*	体験会当日
0 *Weeks Before*	本講座、コース開始

ておくことで、体験会への期待感を高めておきましょう。

つまり、本命商品のサービスを開始する日を設定したら、約2カ月前から具体的なお客さま獲得へのSNS投稿を開始することになります。

告知の際には、告知画像・告知文面・告知ページ・申し込みフォーム、などを準備します。それぞれ、簡単にご説明しますね。

・告知画像

企画書の表紙に使用したような、あなたのサービスを象徴する画像をアイキャッチとして用意します。

・告知文面

ブログやFacebook、（既にお持ちの方は）ご自身のホームページなど、媒体によって見やすい並びは変わってきますが、必ず必要なのは、①自己紹介、②なぜこの体験会を行なうのか、③お客さまは何を得られるのか、④なぜ私がそれを行なうのか、⑤なぜこの商品に価値があるのか、⑥日時などの詳細、⑦申し込みフォームへのリンク、

⑧お客さま（モニター）の声、の8つです。

どの順番で並べると最も見やすいか、お申し込みへの導線がスムーズか、を考えながら、告知する媒体に合わせて文章をつくりましょう。同業の方の体験会告知などをリサーチして、参考にするのもいいと思います。

・告知ページ(申し込みページ・ランディングページ)

Facebook、ブログを中心に、告知をするためのページを作成して、告知文を掲載します。ホームページをお持ちの方は、トップページの目立つところに告知用ページへのリンクを貼るのもいいですね。これも、ライバルたちの発信が参考になると思いますよ。

・申し込みフォーム

インターネットで「申し込みフォーム作成　無料」などと検索すると、無料でWeb上の申し込みフォームが作成できるサービスがたくさん出てきます。使いやすそうなところを選んで、作成しましょう。

これらは告知にあたって必要な要素ですが、その前に会場を予約したり、申し込み受付の確認メールの文面を用意したり、という作業が発生します。体験会のコンテンツづくりや告知そのものに集中していると、意外と抜けてしまいがちな部分ですので、気をつけましょう。

lesson

タイムスケジュールがあると安心して運営できる

開催までのスケジュール感も把握したし、体験会の内容も決まった。次に、当日のタイムスケジュールを組んでおきましょう。そうしておくことで、事前にシミュレーションができます。

話す内容と時間を決めて区切っていくことで、実際の内容に無理がないか、流れに不自然な点がないか、などを客観的に確認できます。

休憩時間など、縮めても問題のない時間を長めに予定しておくと、ワークやディスカッションなどが長引いてしまった際に調整できるので安心です。

3時間の体験会を行なう場合の時間割の例は、次ページのような感じです。

もちろん、すべてが予定通りにいくわけではありませんので、時間割に合わせるこ

体験会の時間割例（3時間の場合）

Schedule of trial session

受付　*10 minutes*

13時-13時10分

自己紹介（講師・参加者）　*20 minutes*

13時10分-13時30分

レクチャー＆ワーク1　*30 minutes*

13時30分-14時

休憩　*10 minutes*

14時-14時10分

レクチャー＆ワーク2　*80-90 minutes*

14時10分-15時30分

質疑応答　*15 minutes*

15時30分-15時45分

個人面談案内とアンケート記入　*15 minutes*

15時45分-16時

とにこだわりすぎる必要はありませんが、目安として時間を区切っておくことは自分の安心感につながりますよ。

当日、大切な話をしそびれないように、開催時間の前後に余裕を持たせた会場予約をしましょう。

Chapter 6

自信を持って高額販売できる「販売力」

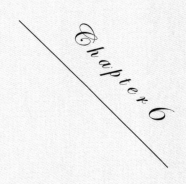

lesson

「安くしなければ売れない」という幻想から目を覚ます

お客さまが集まったら、いよいよ本命商品を売っていく段階です。

でも、ちょっと待った！

商品はいきなり売り始めず、売上目標を決めましょう。

おさらいですが、商品の単価は〝好きなことでしっかり稼ぐ私〟になりたいなら、基本的に**20万円から25万円の商品をつくり、毎月4人から5人に販売して月商100万円を目指しましょう。**

売上を増やしたいのであれば、例えば月に8人のお客さまを受け入れるようにすれば倍になります。

もちろんこれは目安ですので、ご自身の業種や考え方に合わせて15万円の商品を6

人に、20万円の商品を5人に、5万円の商品を20人に、ということでもかまいません。

ここまで読んでも25万円の商品の販売が、「高い」「自分に売れるのかな」と感じている方はいますか？

もしそうだとすれば、まずあなた自身のお金に対する意識を変えることが先決です。お客さまは売り手の不安を敏感に感じ取りますから、あなたの**お金に対する意識をクリアにしておく**必要があります。

まず、25万円というのは1回のレッスンやセッションの料金ではありません。お客さまがお持ちの根本的な問題を解決したり、理想の姿になるという「成果」への投資として、25万円です。

時間でいくら、これをしたらいくら、という考え方ではなく、「お客さまが本当に目指す状態にたどり着くところまで導く」「一生ものの習慣や知識が身につく」のがあなたの商品の価値です。決して、高すぎる価格ではないはずです。

期間としては、基本的に**3カ月程度**を目安としておすすめしています。これは、ある習慣がその人の生活に根づくには3カ月必要と言われているからです。

何か1つの目的を達成したい人にとって最も難しいのは、**「自分の中の常識を入れ替えること」**と**「習慣化」**だと私は思います。

例えば美しいボディをつくるノウハウであれば、本でもサイトでも山ほど公開されています。ただ、実際に美しいボディを手に入れている人は、ノウハウを読んだ100人中1人もいないのではないでしょうか?

3カ月で25万円を、プロであるあなたに支払うことにより、「美容に関する常識の入れ替え」と、「習慣化」が身につき、目標を達成するという成功体験ができて、美しい体型を維持できるのであれば、結果的にお客さまにとって一生ものの価値になります。

lesson

「高い！」が「お得！」に変わる価格のつけ方

商品価格と価値については、コンサルタントの和仁達也氏の著書『決定版　コンサルタントの教科書』（かんき出版）の中で示されている価値と報酬のマトリクス図がとてもわかりやすいので、個人起業家向けに事例を加えてアレンジしたものをご紹介します。

次ページの図の4つのエリアは、

A：価格が高くて価値が高い
B：価格が高くて価値が低い
C：価格が低くて価値が低い
D：価格が低くて価値が高い

というふうに分かれています。

価値と価格のマトリクス

The matrix of Value and Price

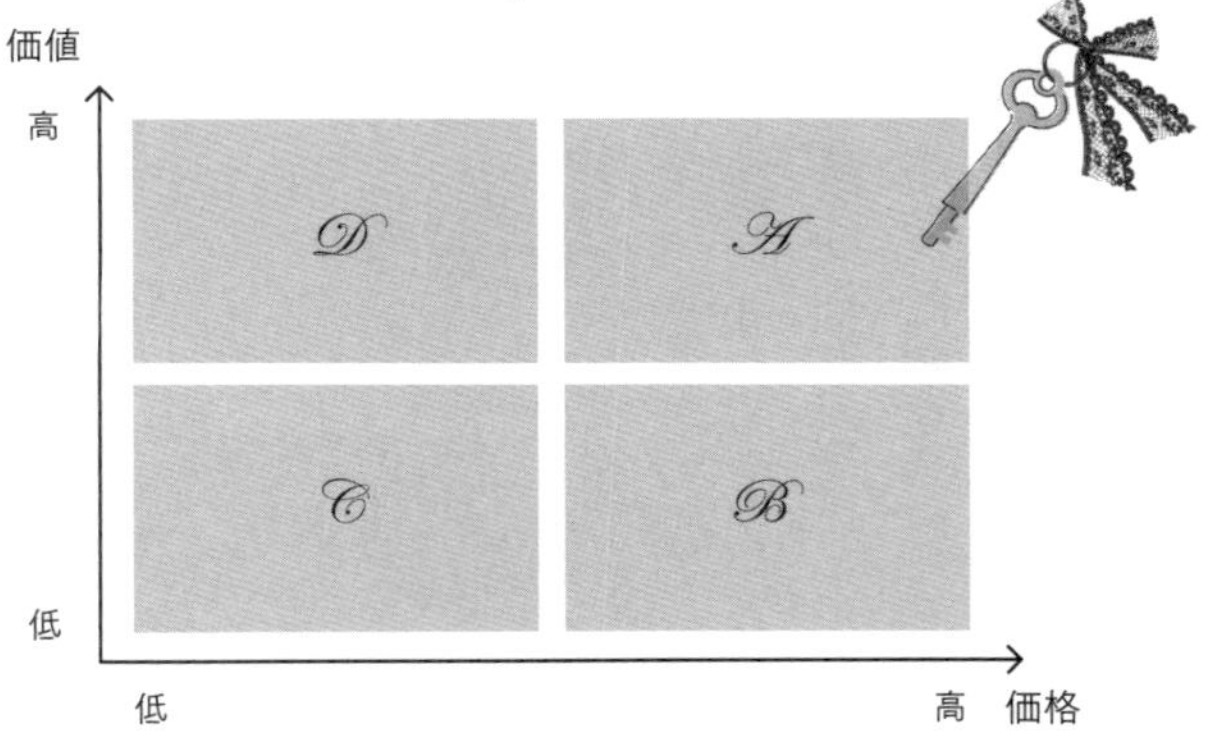

参考資料 和仁達也著「決定版　コンサルタントの教科書」（かんき出版）

Dにはあなたの商品を置き、A～Cには同じジャンルの他者の商品やサービスを置きます。

例えば、漢方理論に基づいた女性の体質改善プログラムの場合、成果＝価値が体質改善だとすると、

A：漢方薬を煎じて飲み続ける（高価格高価値）

B：中医学の学校や大学の授業を聴講する（高価格低価値）

C：薬局で手軽に買えるサプリメントを飲む（低価格低価値）

D：生理痛、ＰＭＳ、更年期といった女性の不調に特化した個別の体調診断を基に提供する体質改善プログラム（自

分の商品）（低価格高価値）
となります。

こう配置してみると、あなたの商品はかなりお得な価格で、かつ自分に合った必要な成果を得られるということがわかると思います。

あなたの商品を高いと思うか安いと思うか、それはお客さまの頭の中にある相場によって決まります。その相場はお客さまの身近にある同様のサービスと比べるかもしれませんし、メディアによく出ている会社と比べるかもしれません。

ですから、相場の比較対象を、お客さまではなく自分のほうから設定し提示することで、お客さまにご納得いただく必要があるのです。

これはセールスのテクニックでもありますが、商品の価値にふさわしい価格で自信を持って売るための、起業家としてのマインドセットでもあります。

お客さま自身も自信を持って決断ができるように、あなたから相場を設定して、自信を持ってセールスに取り組んでくださいね。

lesson

売り込まなくても自然に売れる！セッション型セールストーク

販売力の章の最後に、「売り込まなくても自然と売れる」セールスについてお話ししたいと思います。

基本的に、本命商品を販売するのはマンツーマンの個人面談の場をおすすめします。フロントエンド商品である体験会に来ていただき、その中で「もっと詳しくサービスの内容を聞いてみたい」と感じてくださった方と後日90分程度の個人面談をし、本命商品にお申し込みいただくイメージです。

私の場合ははっきりと、「6カ月間の起業コンサルティングプログラムに興味のある方限定ですが、特典としてマンツーマンの個別セッションをお申し込みいただけます」とお伝えしています。

体験会に参加されていない方がブログやSNSから直接お問い合わせくださり、有料の単発セッションとして個人面談を実施するパターンも、もちろんあります。

個人面談をする際に大切なことは、次の3つ。

・売り込みはしない、エンロール（世界観や価値への巻き込み）をする
・あなたが売るのではなく、お客さまが買うお手伝いをする
・お金をもらうことがうれしい、ではなく、お客さまがうまくいくことがうれしいというスタンスでいる

商品を売らなければと一方的に説明すると、お客さまはあなたからのエネルギーを重いなあと感じて、帰りたくなってしまいます。

あくまでも、個人面談はセールスの場ではなくセッション。

お客さまの本音を聞き出し、叶えたい未来に向かってチャレンジしたくなる前向きな気持ちを内側から引き出し、そのためにあなたのサービスがほしいという気持ちをつくる。そのサポートをする、というエネルギーの使い方をイメージしてください。

こうすることで、あなたのエネルギーとお客さまのエネルギーがポジティブな方向に交じり合い、前向きな力としてお客さまを応援するムードになるので、お客さまが能動的に「買いたい」と思ってくださいます。

このエネルギーの使い方のスタンスでいると、「お金をいただくこと」が目的地ではなく、**「お客さまがご自身の叶えたい姿になること」**への通過点になるので、サービスの対価を受け取ることへのメンタルブロックも乗り越えやすくなります。

それでは実際、どのように話を進めていくのかですが、いきなり商品の説明をしてしまうのはNGです。

恋愛でも、そうですよね？　出会ったばかりなのに、一方的にプロポーズをされたら驚きますし、「ちょっといいかも」と思っていた気持ちもスッと遠ざかってしまいます。

まずは相手のことを知り、どんなふうにアプローチしたら喜んでもらえるか、どんなことを言ったら心が閉じてしまうかを想像しながら丁寧に言葉を選んで、距離を縮めていく必要があります。

では、どんなセールストークがいいのでしょうか？

事前準備として、自分がこれまでセールスを受けて印象がよかった場面、悪かった場面を思い出しながら、どんなふうに話を進めていくかを考えておきましょう（ノウハウを受け取る前に自分の体験を振り返っておくことが大切です）。

lesson

黄金のセールストークテンプレート

さて、ここからは具体的なセールストーク例を見ていきましょう。

基本的に、お客さまは自分の悩み・願望を聞いてほしくて、個人面談に来てくださっていますから、お客さまに話していただくことが大切です。

ただ、お客さまも緊張していますので、まずは心を開いていただく必要があります。

その際に有効なのが**「お礼」**を言うことです。

「体験会のご参加、ありがとうございました」

「今日は雨の中お越しいただき、ありがとうございます」

挨拶するのは当たり前じゃないの？　と感じるかもしれませんが、この当たり前の一言に意識して心を込めることがお客さまの気持ちをほぐします。

「商品を売らなければ」「先生として信頼してもらわなければ」という気持ちが強かったり、あなた自身が緊張してしまったりすると、この感謝の気持ちを伝える挨拶が抜けて、いきなり本題に入ってしまったりします。

この「ありがとうございます」があるだけで、「この人は自分のことを大切に思ってくれている」と安心し、お客さまの自発的な発言が引き出しやすくなります。

緊張しているあなた自身の心をほぐすきっかけにもなると思います。

お客さまの心がほぐれたら、セールスを含む面談は基本的に5ステップで進めます。

①現状の共有
②欲求の確認
③認知・承認
④解決策の提示
⑤条件提示と決断の問い

黄金のセールストーク5ステップ

5Steps of Sales talk

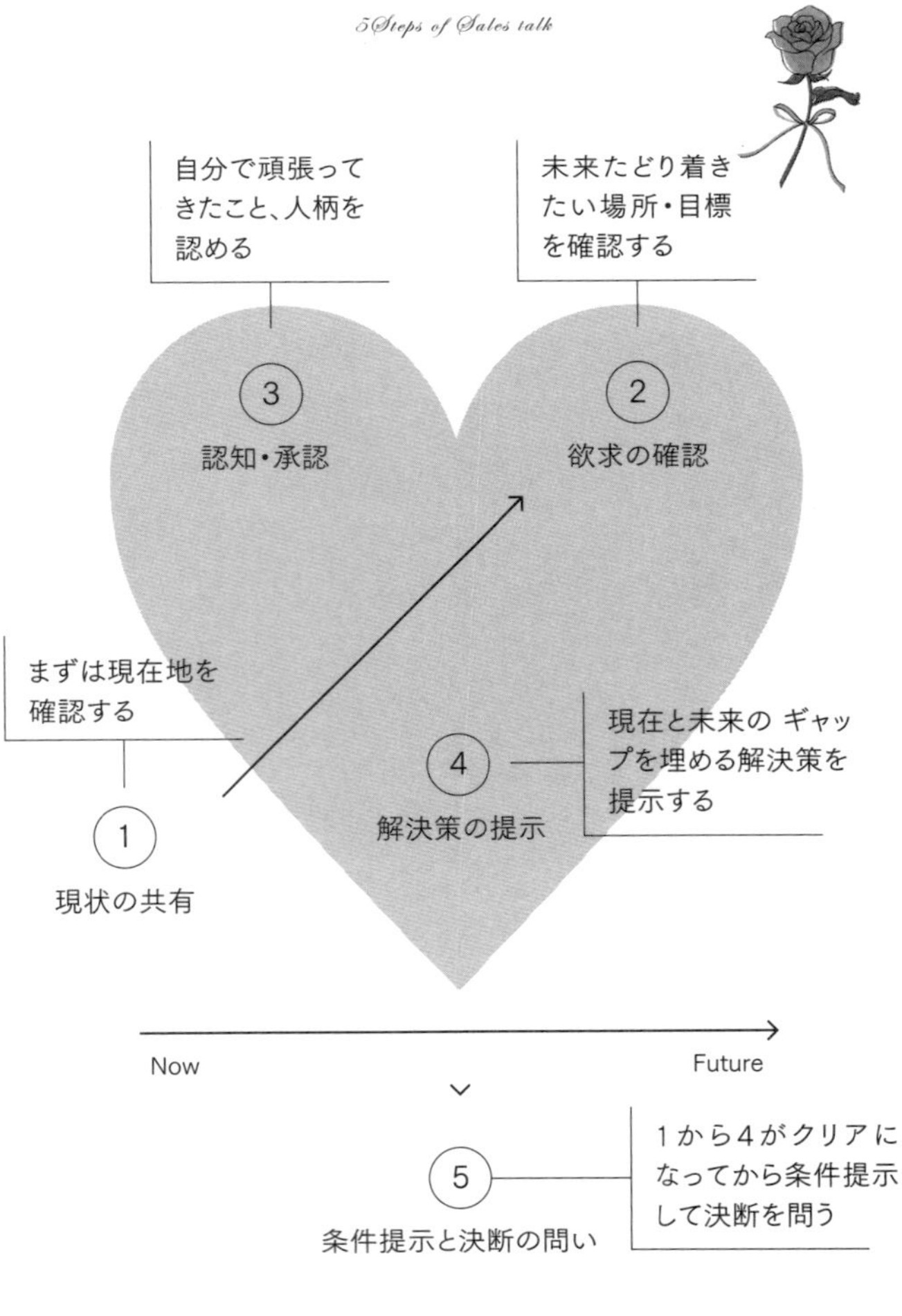

それぞれのステップについてご説明していきます。あなたバージョンのセールストークも書き出していってください。

①現状の共有

「体験会ではストレスで夜寝る前に食べてしまうのがお悩みとおっしゃっていましたが、その後いかがですか？」など

「準備8割」。個人面談の事前準備はしっかりしておきましょう。お客さまが体験会でお話ししていた内容や、そのお客さまのFacebookやブログなどはすべて見直して、頭に入れておきます。

フロントエンド商品の項目でお話ししましたが、体験会の場では、お客さまにどんなお悩みがあるのか、どんな自分になりたいのか、を言葉にしていただいています。

その課題を把握したうえで、体験会から面談までの間に心の変化があったかもしれないので、現在どのような心境でこの面談に来ていただいているのかを再確認します。

体験会に参加されず、直接個人面談のお申し込みをされたお客さまについては、お

お申込み後の事前アンケートで、どういったお悩みや気持ちで面談を希望されているのかを記入いただくようにします。

そうすることで、体験会に参加された場合と同レベルまで相手のことを知ることができます。

②欲求の確認

「改めて今、いちばんお困りのことは何ですか？」など

お客さまの気持ちの現状が把握できたら、次に「いちばん困っていること」を聞きます。そして「なぜそう思っている（困っている）のか」「どうなることが理想か」「では何があれば・どうすれば、その理想に近づけると思うか」と質問を重ねます。

こうすることで問題点、理想が言語化され、欲求が具体的になります。お客さま自身がこれらを言葉にして表現することで、現在の自分の状況を再認識し、「今のままではダメだな」と感じます。

そうすると、悩みを解決してくれるあなたの話をしっかりと聞いてみよう、という

受け皿ができるのです。

③認知・承認

「これまで、ご自身ではどのようなことを試されてきたのですか?」「そうなんですか! とても勉強熱心で（認知）、頑張ってこられたんですね（承認）」など

お客さまがその問題を解決するために、これまでどんなことを行なってきたかを質問し、その内容を認知・承認します。

誰だって、自分がしてきたことを認めてもらえればうれしいもの。「あ、この人なら私のことをわかってくれそうだな」と心の受け皿はさらに広がります。

④解決策の提示

「これまで試された方法は、〇〇といういい面もありますが、〇〇という理由であなたには合わなかったのですね。〇〇という理由から〇〇さんは〇〇をするとうまくいくと思いますよ」など

これまでの努力を認めたうえで、どうしてそれらの方法では悩みが解決しなかったのか、を説明します。ただし、その方法や先生が悪い、という批判ではなく、「あなたには合わなかった」という方向で話すことが大切です。

そして、あなたやあなたの商品ができる解決方法を提示します。

その際に、商品の内容を細かく説明するのではなく、あなたの商品だから提供できることを**「環境」「行動」「才能」**の3つの切り口で説明するのがポイントです。

例えば、お客さまが「これまでどんなにジムに通っても痩せなかった。どうしたらいいのかわからない」という状況であれば、

「大勢の中で運動をするというのが向いていなかったから、少人数で運動できると楽しくなるかもしれませんね」**（環境）**

「仕事帰りに電車に乗ってジムに通うのは、疲れますよね。自宅で毎日5分の運動だったら続けられそうだと思いませんか」**（行動）**

「お料理がお好きと伺ったので、その腕を生かして食生活を見直すのもいいですね。

そうしたら目標体重まで落とせるだけでなく、リバウンドしない体質になりますよ」
（才能）

という感じです。

あなたの提供するサービスの内容を通して、お客さまが自身の可能性に気づくような提案、お客さまの期待を上回る提案をします。自分でもできるかも、と感じられる提案を受けることで、お客さまは購入へと心がぐっと傾きます。

さらに、「これまで痩せられなかったのは、本当は職場のストレスや、少し踏み込んでお伝えするなら、自分のことより他人のことを優先して頑張りすぎてしまうことが原因かもしれないですね」など、お客さま自身が気づいていない問題の原因を指摘し、それを解決するのにあなたの商品が役立つことを説明すると、一気に気持ちが購入へと動きます。

この「お客さま自身が気づいていない悩みの原因」は、実はプロであるあなたの目から見ると、体験会やこれまでの情報収集でだいたい見当がつけられるケースが多いです。

ベストなのは、ここまで当たりをつけたうえで、面談に臨むこと。そのためには、①でお話しした「お客さまの情報を頭に入れておく」という事前準備が重要です。

ここまでの対話で、お客さまの気持ちが購入へと動いてきたら、そこでいよいよ企画書をお見せしながら、商品の中身をお話しします。

一通り、条件や回数などの説明がすんだら、疑問が残っていないか確認し、決断への問いかけをします。このとき、不安な点や疑問が少しでも残っていると、お客さまは購入を決断しません。「ここまででご質問はないですか？」という確認は大切です。

⑤条件提示と決断の問い

「私がお役に立てる方法として、このプログラムをご提案させていただきます。価格と期間はこちらです」「……いかがですか？」

決断の問いは、「やりますか、やりませんか？」という2択ではなく、「いかがですか？」という問いかけにし、あとはじっと黙ってお返事を待つことが大切です。

ここまでお話ししたら、もうボールはお客さまの心の中にあり、心の中で条件面の整理と、自分の中での儀式をクリアして、最後の契約のサインをしようとしているのです。

費用をどこから出そうと考えているかもしれないし、家族への説明の仕方を考えているかもしれない。沈黙が続くと不安になってしまうかもしれませんが、お客さまの思考を中断しないよう、穏やかな気持ちで待ちましょう。

もし、その場で回答が出ない場合は、「わからないことはいつでも質問してください」という言葉を添えつつ、「4日以内にお返事をくださいね」と期限を切ります。

これで、私の場合、8割の方がお申し込みしてくださいます。

いかがでしょうか？　こうして見ると、いわゆる「セールストーク」というのはほとんどしていない、ということがおわかりいただけると思います。90分の面談の、ほとんどの時間はお客さまのお悩みを聞き出し、寄り添うことにあてられています。

個人起業家の方の多くはセールスに苦手意識を持っていらっしゃいます。

「売れるかどうか不安だ」と思うかもしれませんが、実はお客さまが買うかどうかは、この面談を始める前にお客さまの心の中で潜在的に決まっています。

買いたい人は買うし、買わない人は買わない。あなたのすることは、「買いたい人」がスムーズに自分の「買いたい気持ち」に気づき、スムーズに決断をするお手伝いをするだけです。

それから、セールストークをしていて、もう手を引いたほうがいいというポイントがあります。

それは、**自分が説得に回っているなと感じたとき**。説得して買っていただいたとしてもお客さまはいい方向に変わりません。「挑戦したい」「決断したい」というお客さまの気持ちが見えないときは、すっと手放しましょう。

皆さんの仕事は「セールス」ではなく、お客さまをいい方向に導くプロであることです。「セールス」だと構えずに、1回目のセッションやカウンセリングの場として最大限いい場にするために、個人面談には自然体で臨んでください。それがいちばん、あなたのよさをお客さまに感じていただける秘訣です。

そして、ここまでやりきって、お客さまが目を輝かせ、「買います！」「やります！」と言ってくださった瞬間の喜びは、何ものにも代えがたいものです。

あなたがこれまで積み重ねてきた経験、そして本書でコツコツ準備してきた努力が実り、あなたの描く世界へとつながるストーリーに、息が吹き込まれた瞬間です。

この喜びを十分感じて、「よくやった、私！」と自分を褒めてくださいね。

あなたの世界の物語は、これから始まります！

Chapter 7

“成長し続ける私”になる！
起業家マインドの磨き方

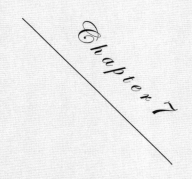

lesson

なぜか一歩が踏み出せない……あなたを動かすマジックワード

本書の最後に、個人起業家の方が新しいビジネスの準備をしているとき、ビジネスをスタートしてしばらくたってから、ぶつかりやすい壁とその乗り越え方について、お話ししたいと思います。

自分を掘り下げ、ペルソナを設定し、商品をつくって発信して……とビジネスの準備を進めていると、あるところで突然、次のステップに進めなくなってしまう方が多くいらっしゃいます。

立ち止まってしまうポイントは人それぞれなのですが、

「どうしてもFacebookへの投稿ができない」

「体験会の告知ができない」

など、やりたい気持ちはあるのに、前に進む一歩が出なくなってしまうのです。

そして、たいてい皆さん頑張り屋なので、「Facebook ライティング術の本を読んでいます！」とか、「体験会の内容がこれでいいか自信が持てないので、セミナー講師養成講座に参加しようと思っています」と、自分の知識を足そうとしたり、「これでいい」というお墨つきをもらおうと動くのですが、もう力は十分持っているはず。

行動にストップがかかる原因をひもといてみると、その根っこはたいてい心にあります。ですから、心のブロックにアプローチしないと行動できるようにはなりません。

例えるなら、皆さんの心の中には、**「心配性の警備員」**が住んでいます。起業という物語の主人公であるあなたが、冒険の旅に出ようとしているのに、「Facebook 投稿なんてやめておいたほうがいい」「体験会なんてやらないほうがいい」と、ドアから外に出るのを止めているような状況。

そんなときは、その警備員にこう聞いてみてください。

「なぜ、私が外の世界に出るのを許してくれないの？」

すると、こういう答えが返ってくるはずです。

「だって、ライバルの○○さんに負けちゃうかもしれないから」
「○○さんに『あんなふうに目立っちゃって』と悪く言われるかもしれないから」
「起業なんて危ないんだ。会社員のほうが安全だから」

そこで、

「そんなことは起こらないよ。大丈夫」

とあなたが言っても許してくれません。だって、実際に起業という冒険物語にはピンチも困難もたくさん訪れるのですから。

ドアが開くマジックワードはこの3つ。

「ありがとう。私が傷つかないように心配してくれたんだね」（感謝の表明）
「でも、私、この半年自分を見つめてけっこう成長したんだ」（自信の自己承認）
「私、傷ついてもいいよ。やりたいことがあるから」（勇気の表明）

すると、扉は開き、自然と行動できるようになります。

「○○さんに『勝ちたいから』やらなくちゃ」
「○○さんに『怒られたくないから』やらなくちゃ」
「今の仕事が『嫌だから』やらなくちゃ」

という思いで行動しようと頑張っても、人は恐怖から動くことはできない仕組みになっています。

「○○さんはどう思うだろう」
「○○さんになんて言われるだろう」

と、行動が自分軸ではなくなっているからです。人は、他人軸からは大きなパワーが出ない仕組みになっています。

起業に思いをはせている間は、想像・妄想でしかなかった自分のビジネスですが、準備段階になって行動に移すと、いろいろなことが「現実」になってくるので、恐怖を感じてしまうのですね。

このようなときは、自身のマインドセットが、

問題点・できていない点、過去の失敗に主眼を置く↓不安になる↓行動できない

となっています。

これを、

叶えたいこと・成果、理想の未来に主眼を置く↓そこに愛情を注ぎたいという願いが強くなる↓行動できる

という流れに乗せるよう、あなたの心の視点を動かしてみましょう。

実際、私も1回目の起業のときには、「体験会の告知ができない」という壁に直面してしまいました。

いくら準備しても、気持ちが乗らなくて告知ができない。

告知できない原因をひもといていくと、「告知したところで誰も来ないいんじゃないか」という恐怖心で動けなくなっていることがわかりました。

そして、その思いは自分の子ども時代の、転校を繰り返してなかなか友達ができなかった、という体験からきていることにも気づきました。

そこで私は、「でも、少し時間がたてば、仲良くしてくれた子もいた。楽しいこともたくさんあった！　その世界に行こう」とマインドセットを変え、ようやく動き出

行動できるマインドセット 行動できないマインドセット

Mind Set

行動できる マインドセット		行動できないマインドセット
叶えたいこと、成果、明るい未来を通して事象を見る	*Filter*	問題点・できていない点、過去の失敗を通して事象を見る
▽		▽
愛情を注ぎたくなる	*Emotion*	不安になる
▽		▽
行動できる ◯	*Action!*	行動できない ×

すことができたのです。

まずは一歩目。1人を誘ってみました。

「もちろん行くよ!」と言われて、思わず泣いてしまいました。

そして実際、体験会を告知すると、なんと、日本中から友人知人が集まってくれました。そして、とても楽しい会になったのです。

「あー、私って、愛されているんだな! だけど、この愛情を受け取れる世界は、自分から一歩踏み出したからこそ、目の前に繰り広げられる仕組みなのだな」と気づきました。

やりたいのに動けない、という状態に陥ったときは、不安な部分に焦点を当てるのをやめましょう。そして、自分がどうしたいのかという思い・願いに焦点を当ててみましょう。

きっと不安な気持ちがすっと消えて、前に進めるようになりますよ。

lesson

SNSのガツガツや自慢はしなやかにスルーする

個人で起業すると、お客さまに対応できるのは自分1人。ですから、いつも自分をいい状態に保っていたいですよね。

起業家は、**自分のエネルギーを管理することも仕事のひとつ。**

特に個人起業家の場合、カウンセラーやセラピスト、コンサルタントなどをはじめとして、お客さまのお悩みや問題点など、他人の内面と真正面から対峙する業種が多いので、余計にエネルギーを使います。

エネルギーを管理するには、エネルギーを消耗しないことがいちばん！

あなたがいちばんエネルギーを消耗するのはどんなときでしょうか？

私がよく耳にする起業家のエネルギー消耗関連のお悩みは大きく2つ。

・SNSを見ていると消耗する
・依存的なお客さまに消耗する
のどちらかです。

・SNSを見ていると消耗する

「SNSに酔ってしまう」。世間でも「SNS疲れ」という言葉が話題になったように、他人の投稿が気になり、気持ちがまいってしまいます。

ライバルや知り合いの起業家に、どんどんお客さまが集まっている様子や収入の高さを公表したり、メディアに取材されたりと輝いている様子を見て「そんなにガツガツ感を出して自慢しなくても……」「私なんて……」と劣等感や嫉妬を感じて自己嫌悪に陥った経験のある人は、少なくないのではないでしょうか。

劣等感や嫉妬を感じるのは人間なので当たり前のこと。大切なのはその感情の処理の仕方です。ポジティブなエネルギーに変えていきたいですね。

「劣等感を感じるということは、自分がそれだけこの仕事にこだわりを持っているということだ」と、自分のいい面を認めてください。

そして最終的には、今気になっているライバルのことまで、自分の弟や妹のように寛容に思えたら、とても楽だと思います。

「その仕事が好きなんだね、私と同じだ」

「この人も精一杯やっているんだな」

というように。


とはいえ、まだ自分のビジネスが形になっていない段階で、こんなふうに寛容になれと言っても、それはなかなかつらい話。そんなときは、あえてライバルの情報は見ない！　そっとフォローを外すのもありだと思います。

あなたはここまで、一所懸命自分を掘り下げ、オリジナルの商品をつくってきました。「オリジナル」なのですから、他人と比べる必要は本来ありません。

少し厳しい意見かもしれませんが、ライバルを批判することで、自分が活躍することから目を背けている、という面もあるのかもしれません。人のことを悪く言っていれば、楽ですから。

そんなときは、「活躍することがこわいんだね」と、自分の中のこわい気持ちを認めてあげてくださいね。また、前に進めると思います。

・依存的なお客さまに消耗する

もうひとつ、個人起業家の方がエネルギーを余計に消耗してしまうのが、「依存的なお客さま」です。

心の専門家、お金の専門家、体の専門家のところには特に、「先生に幸せにしてもらいたい」と寄りかかってこられる方が時々いらっしゃるようです。

幸せになるのは、お客さま自身にしかできません。専門家はその方法をお伝えし、サポートすることしかできないですし、「その依存的な姿勢がうまくいかない原因だよ！」と言いたくもなるでしょう。

残念ながら、「依存」は本人が変わりたいと思わなければ治らない癖で、依存的な方のエネルギーを奪うパワーは本当に大きいのです。

ですから、あなたが「依存」を解決する専門家なのでなければ、「自分の力で解決しよう」という主体的なお客さまだけと関わるようにすることが大切です。

また、あなたも、いくら頼られているようで気になるからといって、「依存的なお客さま」には執着しないようにしましょう。相手はあなたを頼っているのではなく、あなたからエネルギーを奪おうとしているだけなのかもしれません。

あなたが毅然とした態度でいて、「この人は私を幸せにしてくれるわけではない」とわかれば、相手から去っていきます。

lesson

頑張りすぎをゆるめる時間・体力管理術

エネルギー管理の話とも通じるところがあるのですが、個人起業家にとってもうひとつ大切なのが**時間や体力の管理**です。

幸せになるために起業したはずなのに、日々の仕事を頑張りすぎて限界まで働いてしまう起業家の方を多く見てきました。「私の伝え方がよくなかったのかなあ」と、反省する点でもあります。

もちろん、頑張るのはいいことなのですが、度を超えてしまうと体だけでなく、心も疲れてきてしまいます。

そうすると心に余裕がなくなり、ピリピリした雰囲気がお客さまに伝わり、せっかく来てくださったお客さまに満足していただけない。それでもさらに頑張り、ますます疲弊していく……という悪循環に陥ってしまいます。

私自身、起業をスタートしたときはフルタイムの会社員との兼業状態でした。ビジネスが波に乗るまで、生活費を確保しなければならないので収入源を断ちたくはなかったのです。

ダブルワークですから、当然とても疲れます。それでも自分の理想の塊である起業ビジネスは楽しく、アドレナリンも出て興奮状態ですから、いつのまにか、ついつい頑張りすぎてしまっていたようです。

結局ビジネスで稼いでも、その分は整体に通うなど自分のメンテナンスに使ってしまう、という日々が続きました。

起業家として生き抜くためには、弱ってしまってから外部の力でばんそうこうを貼るように、対症療法的に癒してなんとか「0」に戻るのではなく、自分の中から泉のようにエネルギーが湧く状態を保ち、自分で自分を満たすこと、日常から自分のパワーを使い切らない働き方をすることが必要だと気づきました。

そのためには、自分を「OFFモード」にできるスイッチを持つことをおすすめします。

私の場合、ＯＦＦモードスイッチは、「ダンス」と「料理」です。ダンスレッスンで音楽に身をゆだねていると、自分のビジネスから離れ、パワーをチャージできます。料理をしてトントンと材料を切ったり、くつくつ煮えるお鍋を見ていたりすると瞑想しているように心が整います。ですから、あらかじめ予定の中にダンスや料理を組み込んでいました。

よく「休むことも仕事のうち」と言います。頭ではわかっていても、個人起業家というのは自分で決めないと休めません。

自分のために必要なことと考え、先にビジネスと離れられるような予定を組み込んでしまいましょう。


ただ、本当に疲弊すると、その予定すら行動に移せなくなってしまいます。

行けばリフレッシュできるのはわかっているけれど、その気力が湧かない……。私はそんなとき、ダンスさえも「仕事」だと考えるようにしていました。

「自分はダンサーだから、今日も踊りに行く」、そう思うと不思議と体が動くのです。

これは、私の場合、小さい頃からクラシックバレエを習っていたので、映画で見たストイックにレッスンに通い続けるバレリーナが大人になった今でも憧れの存在。思わず真似したくなってしまうのだと思います。


また、あるバレリーナのドキュメンタリー映画で、

「私は、練習であっても、きれいにメイクをしていきます。バレリーナとは美しいものだからです」

というようなことを言っていて、いつもその言葉を肝に銘じて、いつでも（いえ、なるべく）メイクをして出かけるようにしています。


要は、仕事ばかりしすぎて、本来のあなたの魅力が失われないように、「これなら仕事を後回しにしてもやる！」と思えるスイッチを見つけてほしいなと思います。

起業のスタートアップだけに集中して、がむしゃらに頑張れるのは、6カ月が限界。

「こうなるために〝今は〟頑張っている」という6カ月後の自分を意識しながら、6カ月は無我夢中に頑張る。

スタートアップでロケットのように打ち上がったら、このあとは定常運航に入ります。必ず定期的にＯＦＦのスイッチを入れて、パワーをチャージしてください。

また、「いつも活躍し続けていなくては」と自分を追い込み続ける人がいますが、人間、いい時期だけではないのが自然なこと。常に繁盛していなくてもいいし、ポジティブでいなくてもいいのです。

ポジティブ（上がる）↓ネガティブ（下がる）のスパイラルの中で生きているのが自然界の法則だ、ということを認め、ちょっと頑張りすぎているな、と感じたらしっかりと休むこと。それがビジネスを長続きさせる秘訣だと思います。

lesson

迷ったら自分らしく咲くほうを選ぶ女性のための成功法則

男性と女性の成功法則は少し違って、男性は、誰から見てもわかる大きな山(目標)を次々設定して、「他者から評価されて自信を得て」どんどん高い頂点を達成し続けるイメージ。ビジネスですからこういった男性的な成功法則も大切。

ですが、女性は、「自分」という種を見つけ、育てて花を咲かせるようなイメージです。だから、女性は「自分らしくあること」が何より大事。そして、花開いた美しさに、人もお金も寄ってくるのです。そしてあなたの包容力ある優しさが見る人を癒し、好きなこと=蜜が人を育て豊かにし、運ばれた花粉が新たな場所で新しい命をつないでいく。

花は、可憐ではかないように見えて、実はとても強い存在です。「ここで咲く」と決めたら、雨が降っても、嵐が来ても、自分であり続ける。困難な選択が訪れたり、迷いが生じたら、**自分らしく咲けるほうを選び、前に進み続ける。**その強さを秘めた美しさが世の中を元気にする光となります。

本書でお伝えした、好きなことでしっかり稼ぐこの方法が、あなただけの大輪の花を咲かせる一助になれば、本当にうれしいです。

Present

『愛されてしっかり稼ぐ! セルフブランディング起業術』

ご購入の皆さまへ

本書をお買い上げいただきまして、ありがとうございます!
感謝の気持ちとして、本書でご紹介しているセルフブランディング起業術のワークシートを、記入しやすいA4サイズのPDFでプレゼントさせていただきます。さらに、セルフブランディング起業術のヒントをお届けするスペシャルメールセミナーをお届けします。

ご購入特典

①セルフブランディング起業術ワークシート

②セルフブランディング起業術スペシャルメールセミナー(全7回)

お申し込み方法

・お名前
・メールアドレス
・本書のご感想(一言でもうれしいです)

をご記入のうえ、QRコードを読み取るか、
「セルフブランディング起業術購入特典希望」の件名で
下記のアドレスまでメールをご送信ください。

yokoiinuma@gmail.com

※3日たっても返信がない場合、恐れ入りますが再度メールをお願いいたします。
※本特典に関するお問い合わせは、飯沼暢子(yokoiinuma@gmail.com)までお願いいたします。
※この特典は、予告なく内容を変更・終了する場合がありますことをご了承ください。

著者略歴

飯沼暢子（いいぬま　ようこ）

世界観プロモーション®代表、起業家プロデューサー
早稲田大学（人間科学部臨床心理学専攻）を卒業後、IT系ベンチャー、大手広告代理店でのビジネスプロデューサー、編集者を経て、2011年より「世界観プロモーション®」を立ち上げ、個人、法人向けに起業コンサルティング、マーケティングコンサルティング、ブランディングコンサルティングを行なう。夢は日本に未病の考えを当たり前にすること、日本の働き方に個人起業という選択肢を当たり前にすること。

【資格】
・CTIコーアクティブコーチングCPCC国際資格取得
・米国コロラド州認定ホリスティック栄養コンサルタント

◆「世界観プロモーション®」HP　http://sekaikanpr.jp/
◆ Facebook　https://www.facebook.com/yoko.iinuma.1

愛されてしっかり稼ぐ！
セルフブランディング起業術

平成30年9月27日　初版発行

著　者 ―― 飯沼暢子

発行者 ―― 中島治久

発行所 ―― 同文舘出版株式会社

東京都千代田区神田神保町1-41　〒101-0051
電話　営業03（3294）1801　編集03（3294）1802
振替00100-8-42935
http://www.dobunkan.co.jp/

ISBN978-4-495-54012-8
印刷／製本：萩原印刷
Printed in Japan 2018
